Persuasión

Técnicas de manipulación muy eficaces para influir a la gente para que haga voluntariamente lo que usted quiera usando PNL, control mental, psicología oscura y un profundo conocimiento de la conducta humana

© **Derechos de autor 2019**

Todos los derechos reservados. Este libro no puede ser reproducido de ninguna forma sin el permiso escrito del autor. Críticos pueden mencionar pasajes breves durante las revisiones.

Descargo: Esta publicación no puede ser reproducida ni transmitida de ninguna manera por ningún medio, mecánico o electrónico, incluyendo fotocopiado o grabación, o por cualquier sistema de almacenamiento o recuperación, o compartido por correo electrónico sin el permiso escrito del editor.

Aunque se han realizado todos los intentos por verificar la información proporcionada en esta publicación, ni el autor ni el editor asumen responsabilidades por errores, omisiones o interpretaciones contrarias con respecto al tema tratado aquí.

Este libro es solo para fines de entretenimiento. Las opiniones expresadas son solo del autor y no deben tomarse como instrucciones de expertos. El lector es responsable de sus propias acciones.

La adherencia a todas las leyes y normativas aplicables, incluidas las leyes internacionales, federales, estatales y locales que rigen las licencias profesionales, las prácticas comerciales, la publicidad y todos los demás aspectos de la actividad comercial en EE. UU., Canadá, Reino Unido o cualquier otra jurisdicción es responsabilidad exclusiva del comprador o lector

Ni el autor ni el editor asumen responsabilidad alguna en nombre del comprador o lector de estos materiales. Cualquier parecido con cualquier individuo u organización es pura coincidencia

Índice

INTRODUCCIÓN 1
CAPÍTULO 1: POR QUÉ ES IMPORTANTE ENTENDER LA PERSUASIÓN 3
CAPÍTULO 2: POR QUÉ SU EGO PUEDE ESTAR IMPIDIÉNDOLE PERSUADIR A GENTE 11
CAPÍTULO 3: QUÉ NO DECIR NUNCA, A NO SER QUE QUIERA DESALENTAR LA COOPERACIÓN 21
CAPÍTULO 4: FORMAS AMABLES PERO MUY EFICACES PARA CONSEGUIR QUE LA GENTE HAGA VOLUNTARIAMENTE LO QUE USTED QUIERA 30
CAPÍTULO 5: POR QUÉ PUEDE QUE BRUCE LEE HAYA SIDO EL SER HUMANO MÁS SABIO 37
CAPÍTULO 6: PRINCIPIOS DE PERSUASIÓN CIENTÍFICAMENTE PROBADOS QUE NECESITA SABER 45
CAPÍTULO 7: ESTRATEGIAS DE MANIPULACIÓN SECRETAS QUE LA GENTE NO QUIERE QUE USTED SEPA 56
CAPÍTULO 8: LO QUE NECESITA ENTENDER SOBRE LA CONDUCTA HUMANA Y LA PSICOLOGÍA OSCURA 66
CAPÍTULO 9: TÉCNICAS PODEROSAS DE PNL QUE PUEDEN USARSE PARA FINES MANIPULADORES 76
CAPÍTULO 10: TÉCNICAS MUY EFICACES DE CONTROL MENTAL . 84
CAPÍTULO 11: EN RESUMEN 93
CONCLUSIÓN 101

Introducción

Este libro es una guía práctica de fácil lectura donde obtendrá nuevas habilidades de persuasión de las que beneficiarse en su carrera, el amor, la vida familiar y otras situaciones. También es importante entender cómo pueden usarse técnicas de persuasión para manipularle, como las que implican ingeniería social y varias tácticas de psicología oscura. Ser capaz de reconocer estas tácticas le protegerán de las influencias de estos viles individuos.

Después de completar este libro, usted tendrá un conocimiento profundo de cómo la gente toma decisiones y cómo estas decisiones surgen por influencias externas a nuestra mente. Tendrá la información que necesita para reconocer los métodos que alguien puede utilizar para manipular sus habilidades lógicas y de razonamiento y la información que necesita para influir en otros.

Los siguientes capítulos tratarán la persuasión en general, lo que significa y cómo se usa en el mundo de hoy; cómo gestionar su ego para conseguir mejores resultados persuasivos; palabras y frases a evitar para asegurar la cooperación; formas agradables de conseguir que la gente obedezca; filosofías sobre la persuasión; principios de la persuasión; estrategias de manipulación secretas; técnicas de programación neurolingüística (PNL) y cómo se usan y técnicas de control mental eficaces.

A medida que lee estos capítulos, aprenderá cómo funciona la manipulación mental, cómo obtener las habilidades para reconocer cuándo le está pasando a usted y cómo implementar algunas de las técnicas descritas para entender su potencial. Se le darán sugerencias sobre cómo ser mejor en lo que hace con métodos de persuasión eficaces y cómo está relacionada la conducta humana con la persuasión eficaz.

Capítulo 1: Por qué es importante entender la persuasión

Empecemos con una definición. La persuasión es el acto de formar por argumento, ruego o protesta una creencia, posición o procedimiento. Mientras que la definición es bastante sencilla, el arte de la persuasión es mucho más complicado. Hay varios niveles de persuasión, desde simples sugerencias hasta métodos de control mental que manipulan emociones y desmoronan la psique.

La persuasión es tanto una ciencia con teorías demostradas como una forma de arte. Todo el mundo puede persuadir, influir y animar a actuar. No todos se toman el tiempo de aprender las técnicas que tienen el mayor impacto en el proceso humano de toma de decisiones.

Se puede decir con seguridad que a los seres humanos se les persuade para hacer algo que alguien quiere que haga desde el momento en el que nacen. Padres, profesores, amigos y otros que se encuentra, todos tienen opiniones, consejos, creencias, reglas por las que funcionan, y otros elementos usados para influir el conocimiento, actitud, prejuicios, creencias religiosas o espirituales, estilo de vida, lo que compramos, lo que conducimos y dónde vivimos. A lo largo del curso de la historia, nos decidimos, cambiamos de parecer, nos arrepentimos de algunas decisiones y disfrutamos de las buenas decisiones que hemos tomado.

La vida se trata de elecciones y en una vida, tomamos decisiones cada día. Eso suponen muchas tomas de decisiones durante el tiempo que los humanos han estado en el planeta Tierra. Algunas de estas decisiones estarán basadas en razonamientos sólidos y otras basadas en emociones. Algunas decisiones nos harán avanzar y otras requerirán un paso atrás, una repetición.

Un agente de ventas intentando que haga una compra es practicar sus habilidades de persuasión. Los comerciales intentan influir sus decisiones a favor de sus productos o empresa, marcando a fuego en su conciencia el nombre de la empresa, el jingle musical y el eslogan. Su predicador, imán o rabino usa la persuasión para reforzar las enseñanzas espirituales para asegurarse de que las elecciones que toma siguen un código moral. Un candidato intenta convencerle de que es diferente a los demás y que realmente trabajará por usted en Washington o en la capital de su estado.

Con tanta toma de decisiones y toda esta gente ayudándonos a moldear lo que decidimos, entender cómo funciona la persuasión será una ventaja. Proporciona unos cimientos con los que juzgar la validez de los argumentos que se le presentan, si la persona que está defendiendo algo es creíble o de confianza, y si la decisión que tomará será fruto de sus propias habilidades de toma de decisión. Puede ayudarle a detectar una situación que pueda ser un intento de secuestrar su razón y su lógica. Puede ayudarle a proteger su salud mental y emocional e incluso su cuenta corriente.

¿Cómo toma decisiones? ¿Realiza compras espontáneas mientras espera en fila para pagar en el supermercado? ¿Acaba con entradas para una cena de espaguetis o desayuno de tortitas benéfico que en realidad no tiene ninguna intención de atender? Cuando ve un anuncio en televisión de una ONG para prevenir la crueldad animal, ¿hace una donación inmediatamente para ayudar a esos cachorros?

¿Le convenció su jefe de que trabajar un sábado es bueno para su carrera?

Estos tipos de decisiones no van a causar un caos superior en su vida. Probablemente no tenga ninguna repercusión emocional por tomar una decisión en cualquiera de estas situaciones. Puede darle las entradas para la cena a otra persona o simplemente puede verlo como apoyar una buena causa o ser mejor persona. Y esa compra impulsiva no le va a costar su dignidad, su identidad o su posición en la comunidad.

¿Negocian sus hijos con usted una extensión de privilegios? ¿Su pareja le camela para que haga algo con ella en vez de pasar el día con sus amigos? ¿Le convencieron sus padres de ir a visitar a sus tíos este año por vacaciones?

Los familiares y las personas que queremos nos influyen. La mayoría del tiempo, las decisiones que quieren que tomemos son, de alguna manera, en su propio beneficio. Aceptar su petición es una extensión de nuestro amor y afecto por ese miembro familiar. Es más fácil aceptar la presión a obedecer a alguien que le importa en vez de a un completo desconocido. Todo es en nombre de la harmonía familiar o, como dice el dicho, "pareja feliz, vida feliz". Y una vida familiar feliz no es algo malo.

Los psicólogos estudian y analizan cómo funciona la persuasión y qué pasa en la mente cuando a una persona se le pide procesar información. Muchas teorías tratan la persuasión e incluso más más formas en las que un vendedor, recaudador de fondos, trabajador de campañas políticas o escritor editorial busca realizar su oficio. La raíz de todo es el conocimiento básico de la naturaleza humana.

Las personas son criaturas de costumbres igual que su evolución. Los humanos tienen necesidades básicas que deben ser satisfechas, como comida, agua y un refugio para sobrevivir. Después están las necesidades que hacen la vida mejor y aseguran la supervivencia aún más. Las decisiones relacionadas con este tipo de necesidades son menos problemáticas que otras que lidian más con el bienestar emocional o carencias psicológicas.

No hace falta tener una carrera en psicología para ser eficaz persuadiendo. Una comprensión básica de la naturaleza humana es todo lo que se necesita para que alguien sea un vendedor excelente, un recaudador de fondos con éxito o un encargado de selección en demanda. Estas personas influyentes con éxito usan sus poderes de observación para aprender a cómo trabajar para las masas. Han aprendido a reconocer las señales que alguien puede lanzar inconscientemente que les identifica como potenciales objetivos para un discurso de ventas o una petición de donación. Han aprendido técnicas de cómo vender su producto, cómo crear una buena relación con un cliente potencial, y cómo convencer a su cliente de que seguir con el trato es exactamente lo que necesita hacer para mejorar su vida.

La persuasión también depende de la comunicación. La forma en la que se estructura un mensaje, el modo de expresarse y la elección de palabras, son importantes a la hora de recibir el mensaje. Entender a quién está dirigido el mensaje y la dinámica del público de ese grupo puede afectar al éxito de la campaña de persuasión. Sabiendo esto, los departamentos de ventas normalmente tienen una variedad de herramientas que usar para asegurarse de que sus discursos son oídos, entendidos y que se pasa a la acción. Estas herramientas pueden incluir usar guiones de ventas predeterminados, juegos de rol durante reuniones de prueba y simplemente aprendiendo sobre la marcha.

La persuasión también implica la habilidad de manipular emociones para conseguir la decisión que la persona influyente quiere que la persona tome. Las emociones son el comodín en la conducta humana. Mientras que podemos intentar controlar cómo se manifiestan las emociones, mucho de cómo nos sentimos ocurre bajo la superficie. Reaccionar con emoción es directamente opuesto a reaccionar por la razón. Las decisiones que tomamos cuando estamos contentos son probablemente diferentes a aquellas que tomamos cuando estamos tristes. La gente no puede obligarse a estar contenta o satisfecha. A veces, no hay explicación de la forma en la que nos sentimos o qué provoca que nos emocionemos.

Las emociones potencian nuestra vida. Cómo nos sentimos en relación a una persona, un lugar o un punto de vista influye lo que queremos hacer al respecto. Si nos enfada que haya niños pasando hambre, esa emoción puede estimularnos a ser voluntarios en un programa que proporciona comida para niños en edad escolar. Si nos sentimos solos, esta emoción puede llevarnos a involucrarnos más socialmente, haciendo amigos y empezando a salir con alguien. Si algo nos entusiasma, como unas vacaciones en la montaña o la playa, puede influir en los pasos que damos para volver a ese lugar feliz.

Las emociones también pueden mutilar nuestro proceso de toma de decisiones. La asociación negativa con incidentes, personas o experiencias puede afectar cómo nos sentimos y reaccionamos años más tarde. Incluso aunque ya no estemos en la situación que provocó esta asociación negativa, el dolor que causó está grabado en nuestra mente y puede resurgir cuando algo lo dispara.

Aquellos que están buscando influirle a menudo quieren acceder a su estado emocional porque es una fuerza poderosa. Actuar con una mente racional y calmada es ideal cuando está tomando decisiones, pero para aquellos que tienen sus propios planes, la racionalidad puede que no cierre el acuerdo. Si un persuasor puede conseguir que se emocione sobre lo que quieren que usted haga, la probabilidad de conseguir que usted lo haga aumenta.

La gente proporciona pistas sobre lo que realmente sienten. Estas pistas puede que no sean obvias para la persona. La mayoría del tiempo, estas pistas son involuntarias.

Aquellos que buscan usar estas emociones en su propio beneficio son hábiles en observar estas pistas. Las palabras que alguien usa no son una fuente fiable para entender cómo se sienten. Es lo que reside detrás de las palabras habladas el mejor indicador de la emoción que esa persona experimenta.

Los investigadores dicen que las palabras son solo un pequeño porcentaje de la comunicación. En cambio, ver cómo habla la persona, sus expresiones faciales, el lenguaje corporal que exhiben, son útiles para detectar el estado emocional de la persona. Hay variaciones en el tono y timbre confinadas en las palabras usadas en la conversación, que pueden proporcionar una idea de si la persona es amistosa o está enfadada, aburrida o interesada. Dónde hace una pausa una persona al hablar también es una pista. Esta pausa indica la importancia que el interlocutor sitúa en palabras o frases particulares. ¿Esta frase es importante porque es graciosa para el interlocutor, o es la pausa un intento de controlar una emoción desencadenada por la palabra o conversación? ¿Está hablando la persona muy rápido con muy pocas pausas? Eso podría indicar que están nerviosos.

Aparte de las palabras usadas, el patrón, tono y timbre de la forma de hablar, hay otras señales desprendidas cuando la gente interactúa con otra. Cada emoción tiene una expresión facial correspondiente involucrando todas las partes de la cara. No es solo una sonrisa o fruncir el ceño; también es cuando se suben las cejas, se frunce la frente, los ojos se abren mucho, o los párpados se aprietan. También se refleja en cómo se posicionan los labios.

Las otras partes del cuerpo hacen lo mismo. ¿Aprieta los puños? Esa persona está enfadada. ¿Su cuerpo parece débil? Esa persona está triste. ¿La persona retrocedió de repente? Se sorprendieron. ¿Están con los brazos abiertos? Esa persona está contenta. ¿Están moviéndose nerviosamente? Puede que estén asustados. La comunicación no verbal es tan importante como la palabra hablada, y en muchos casos, es más precisa para evaluar el estado emocional de una persona.

Una persona habilidosa leyendo estos movimientos y cambios en el cuerpo puede ejercer una influencia sobre una persona basada en las emociones que esa persona está experimentando. Si están asustados, puede conseguir que sientan menos miedo. Si están tristes, el manipulador es capaz de acceder a pensamientos agradables. Aquellos que buscan que una persona haga lo que ellos quieren hacer buscan una vulnerabilidad. Las emociones nos hacen vulnerables, y el persuasor necesita dar su discurso y conseguir ese compromiso de una persona para poder terminar.

Ser consciente de las técnicas que hacen vulnerable a una persona frente a gente sin escrúpulos protege mejor la salud emocional de la persona y conserva el proceso de toma de decisiones lógico. Nadie quiere que se aprovechen de ellos, y el conocimiento de la persuasión evita que esto pase.

Si persuadir a otros para que tomen la decisión que quiere es su profesión, como abogado, relaciones públicas, ejecutivo de publicidad, social media manager, vendedor... entender cómo funciona la persuasión es valioso para su éxito. En marcos de negocios, habrá multitud de oportunidades para usar la persuasión. Puede que le pidan presentar una propuesta para un nuevo reglamento de seguridad que depende de la aprobación de los jefes del departamento. Puede que usted quiera presentar la propuesta para un aumento de sueldo o cambio en la descripción de su empleo.

Cuando va a una entrevista de trabajo, usted quiere convencer a la persona que le entrevista de que es el candidato correcto. Usar alguno de los métodos para crear una buena relación, leer las reacciones del entrevistador, o fijarse en su comunicación no verbal puede ser lo que necesite para conseguir la oferta de empleo.

Si planea usar la persuasión para mejorar su vida, ya sea hacer nuevos amigos, encontrar una pareja o simplemente competir en igualdad de condiciones, aprender cómo influir a otros es una habilidad beneficiosa. Los persuasores buscan formas de forjar relaciones y confianza con su objetivo. Usted puede usar estas mismas técnicas para hacer lo mismo con aquellos que quiere en su vida.

Al mismo tiempo, dese cuenta de que no todos los intentos de persuasión son inocentes o amistosos. El uso de la psicología oscura para manipular a gente por razones criminales e inmorales es una preocupación en aumento. Los crímenes en Internet y estafas para obtener dinero rápidamente causan problemas a la gente y todo parece indicar que este tipo de actividades aumentarán.

Como con todas las cosas, el conocimiento es poder. Al entender cómo funciona la persuasión, qué factores influyen en el proceso de toma de decisiones, cómo aplicar técnicas a las interacciones que tiene y cómo reconocer cuando la intención de alguien es hacerle víctima de una estafa, usted estará a la cabeza del juego.

Capítulo 2: Por qué su ego puede estar impidiéndole persuadir a gente

El boxeador legendario Muhammad Ali una vez dijo "es difícil ser humilde cuando se es tan grande como yo".

Poca gente puede decir eso y quedar bien, pero Muhammad Ali se sale de lo común. Para alguien como Ali que podía predicar con el ejemplo, la confianza en sí mismo se convirtió en parte de su carisma. Los atletas profesionales tienen que irradiar seguridad en sí mismos, los líderes mundiales tienen que irradiar confianza y los líderes de negocios tienen que ser capaces de inspirar a otros motivando una actitud de "ir a por todas". Todo esto requiere un ego saludable.

Todo el mundo conoce a alguien con el ego inflado, alguien que piensa que el mundo se detiene por su deseo. Alguna gente está segura de sí misma y se presenta como culta. Luego están los arrogantes, chulos y quienes parecen falsos. ¿Cuál es usted?

El ego es una palabra que puede evocar impresiones tanto positivas como negativas. Puede ser una autoestima sana o puede manifestarse como presuntuoso. Puede dar la impresión de ser alguien decidido o alguien prepotente.

La definición de ego está en línea con estas perspectivas opuestas. La palabra ego empezó a usarse alrededor de 1790. Su raíz es *yo* en latín, y la definición principal es que el ego es el ser mismo de una persona; la forma de distinguirse de otros a través de emociones y expresiones. Más aún, en la definición, los dobles sentidos asociados con la palabra se muestran, por ejemplo, arrogancia o prepotencia, autoestima e imagen propia.

El doctor Sigmund Freud identificó el ego como una de las tres partes de la personalidad. El *Id*, dijo Freud, está relacionado con lo que la persona quiere, casi de forma infantil en sus exigencias, y se origina al nacer. En el lado opuesto está el *Superego*. Según Freud, esta fase de la personalidad contiene los códigos sociales aprendidos a lo largo de la vida y encaja más con la realidad que el *Id*. En medio de estos dos extremos está el *Ego*.

Se imaginó el ego como el mecanismo de control de las exigencias del id. El ego, decía, era una representación de "la razón y el sentido común", mientras que el id era la parte de la personalidad que contiene las emociones.

El ego es un puente entre el egocentrismo del id y la consciencia social del superego. A veces, el id es demasiado poderoso, y el ego no puede frenar su avance. A veces, ser altruista sobrepasa el ego, y se ignoran las necesidades del individuo. Un ego fuerte, en el sentido psicoanalítico, mantiene a la persona equilibrada.

Los niños aprenden que fanfarronear o presumir sobre las habilidades de uno es socialmente inaceptable. Las burlas infantiles sobre ser más listo, guapo, fuerte o rico, etc., constituyen la base del abuso escolar, y a nadie le gusta un abusador.

Años más tarde, después de graduarse del instituto o universidad, a estos mismos niños se les dice que *tienen que venderse* a potenciales empresas. Se les anima a hablar de lo listos que son, con más experiencia y mejor preparados que cualquier otro candidato y, en general, son la mejor elección para ese puesto.

¿Cómo maneja un ego que ha sido reprimido durante años y de pronto es llamado a irradiar confianza y destreza? Si un niño ha ido apreciando silenciosamente sus logros, su ego tendrá unos cimientos sólidos. Si han restado importancia a sus premios y reconocimientos, puede que su ego necesite un poco de apoyo.

Ya sea conseguir el empleo perfecto, llegar a los objetivos de ventas o dar un paso adelante como líder, ser capaz de articular las fortalezas e inspirar confianza es la piedra angular de la persuasión. Tener un ego no es necesariamente negativo; puede ser un elemento positivo a la capacidad de una persona para conseguir sus objetivos. La diferencia entre un ego presuntuoso (negativo) y un ego con autoestima, es la habilidad de convencer a otros que es culto y una fuente fiable, que sabe de lo que está hablando y que se puede confiar en usted.

Una clave para ser capaz de persuadir a otros es que el portavoz para un producto, servicio, u ONG sea visto como alguien que tiene experiencia. La confianza es una percepción que crean aquellos que reciben la comunicación persuasiva basada en si creen que la fuente dice la verdad sobre sus declaraciones o no. La simpatía y la habilidad de hacer que aquellos que reciben el mensaje del portavoz se sientan seguros son otras consideraciones que la gente usa para evaluar el mensaje al igual que la fuente.

A pesar de las connotaciones negativas del ego, la confianza en sí mismo, creer en la habilidad propia y generar confianza con otros son atributos positivos que vienen de un ego fuerte o una confianza en sus habilidades. Gestionado de forma correcta, un ego puede beneficiar a la persuasión, erigiéndole como una fuente creíble y alguien que puede ser escuchado con un grado de certeza. Le lleva de un punto de vistaególatra a uno en el que equilibra sus necesidades personales con aquellas que alcanzan los objetivos del grupo.

Un agente de ventas cuyo sueldo depende del número de ventas que consigue es motivado por su impulso personal de ganar dinero. Esto es un reflejo de egocentrismo. Su imagen está limitada a conseguir sus metas personales.

Si este agente de ventas es uno de los mejores, tendrá un impacto en la empresa. La compañía depende de su rendimiento para producir ingresos y alcanzar los objetivos de ventas generales. La pericia demostrada por los mejores vendedores a la hora de hacer y cerrar tratos se vuelve una ventaja.

La necesidad de desarrollar vendedores con habilidades y confianza es un ejemplo de necesidades grupales. Aparte de contribuciones individuales, la empresa está buscando una forma de generar más negocio, asegurando que el negocio continuará creciendo y prosperando. La dirección busca una solución para crear los mejores vendedores de todos sus empleados.

Una persona que está en control de su ego puede ver esto como una oportunidad para avanzar su carrera echando una mano. A lo mejor se ofrecen a orientar a vendedores con menos experiencia. A lo mejor se ofrecen voluntarios para compartir algunos consejos o técnicas que usan en reuniones. Su lema probablemente sea "no hay yo en equipo". Esta es una forma positiva de permitir manifestarse a su ego, como un superpoder, en una dinámica de grupo.

Una persona que no gestiona su ego aparece como arrogante, hace sentir a otros menos valorados, menosprecia los sentimientos de otros, y se bloquea al oír las sugerencias, problemas y preguntas que los otros puedan tener. Esta persona se concentrará en su objetivo en vez de en el de la empresa. Su cita favorita podría ser algo como "cada uno a lo suyo".

La confianza en sí mismo reforzada por la confianza que otros tienen en usted le permite salir de las sombras y convertirse en el líder. Un ego bien gestionado puede juzgar la diferencia entre una necesidad egocéntrica y un resultado positivo para un grupo y puede proporcionar la motivación para usar lo que sabe y conseguir una diferencia positiva.

Creer en nuestras habilidades no es algo que ha sido perfeccionado cuando nos unimos a la fuerza laboral, en cambio, se desarrolla desde el momento en que nacemos y empezamos a desarrollarnos. Toda tarea que llevamos a cabo alimenta esta creencia y lleva a construir la confianza en sí mismo, también conocida como ego. Nos da la confianza de tomar decisiones, cambiar de parecer, buscar nuevos conocimientos y habilidades, conocer a gente nueva e ir de aventuras.

Gestionar su ego trata menos sobre usted y más sobre otros. Ser respetuoso, mostrar flexibilidad, y una voluntad de llegar a consensos no es hacerse de menos, sino mejorar la percepción que otros tienen de usted.

Un poco de humildad, al ser elogiado, por ejemplo, permite a otros tomar el control. Alabar a alguien es un momento poderoso. Motiva, anima e inspira. Al permitir a alguien hacer esto y ser amable por el cumplido, es un regalo para esa persona. Les deja estar en control y asegurar su posición como merecedor de ese cumplido.

Una segunda regla para gestionar su ego es solo medir su rendimiento según sus resultados. La competición es parte de nuestro estilo de vida. Usted compite por trabajos, entrar en la universidad, incluso para encontrar su pareja. El mundo competitivo es implacable y compararse con los resultados de otros es una navaja de doble filo. Cuando intenta competir en todos estos niveles y compara sus logros con los de los demás, es abrumador y puede ser dañino para su autoestima.

Los deportes profesionales son grandes negocios que ofrecen evidencias de la importancia que juega. Mientras que esforzarse para ser mejor como atleta individual debería ser un objetivo personal, esforzarse por ser mejor que todo el mundo es un camino a la perdición. Siempre va a haber alguien más que va a ser mejor que usted. Al final se van a romper los records.

Recientemente, el quarterback de los New Orleans Saints, Drew Brees, superó el record de pases completados previamente establecido por Peyton Manning. El mensaje de Brees a sus hijos fue sobre el valor del trabajo duro para alcanzar sus metas. Manning intervino con un mensaje de enhorabuena a Bress en el que Manning bromeaba sobre cómo los 1000 días ostentando el record habían sido geniales hasta que Brees vino y se lo quitó.

Estos dos atletas profesionales sin duda tienen los egos necesarios para competir en deportes profesionales. Brees fue humilde en sus logros y Manning fue cortés al perder el podio.

Una importante lección de la historia Brees-Manning es que controlar su ego puede ayudar a generar admiración y ganar respeto. Al intentar convencer a alguien de hacer algo, el respeto es muy útil. Hace que la gente confíe en usted y valore su opinión. La gente escuchará lo que dice, sopesará el mensaje y decidirá si confían en usted o no. Si le respetan, la confianza no anda lejos.

Establecer objetivos personales es una estrategia eficaz para estimular su autoestima. Un ego fuerte y positivo necesita ser acondicionado. No es suficiente depender de logros pasados. Alcanzar y superar las metas que se establecen es como gimnasia para el ego. Enfrentarse a desafíos, perseverar y superar obstáculos es como usted triunfa, y con el éxito viene la confianza renovada y un ego que le ayuda a conseguir resultados.

Gestionar eficazmente su ego significa que necesitará buscar evaluaciones de gente en la que confía que le digan la verdad. A menudo los amigos y familiares son los primeros en celebrar sus logros, pero también son los primeros en decirle cuándo se le está subiendo a la cabeza. Pueden levantarle cuando su ego sufre un golpe, y pueden bajarle los humos cuando se viene demasiado arriba.

La forma en la que hace que otros se sientan sobre sí mismos también es una indicación de un ego bien utilizado. Al intentar convencer a alguien a actuar, como comprar un producto o servicio, es importante ser amable, saludarles por su nombre y tomarse el tiempo de averiguar cuáles son sus necesidades. El respeto es recíproco. Usted recibe lo que da. Y dar un poco puede llevarle muy lejos.

Siempre haga sentir a la otra persona que está en control de su decisión. Perder el control es una emoción fuerte. Por ejemplo, es la razón por la que muchos ancianos dudan sobre perder su permiso de conducir o posponer buscar asistencia en su hogar. Sentir que ya no se tiene control sobre sus decisiones es incómodo y desencadenará el mecanismo de lucha o huida. Persuasión es convencer a la otra persona para tomar la decisión que usted quiere. Sugerir que tienen el control en esa decisión, o incluso que es su idea, es más eficaz que hacerles sentir que les están forzando a ello.

El remordimiento del comprador es un ejemplo perfecto de control que ha salido mal. En esta situación, un consumidor completa una compra importante, como un coche nuevo, y después tiene dudas de si tomaron la decisión correcta. Algunos compradores de casas pueden incluso sacrificar su señal para salirse del acuerdo cuando el remordimiento del comprador se establece.

Al hacer una compra cara, los consumidores tienen mucho miedo. ¿Pueden permitírselo? ¿Es la marca y modelo adecuado? ¿Me está diciendo la verdad este vendedor? Las preguntas son la forma de la mente de proporcionar verificaciones y contrapuntos. Aplauda las preguntas. Mitigue los miedos y otorgue al potencial cliente tiempo para confiar.

Cuando cometa un error, y usted lo hará porque usted es humano, acéptelo, discúlpese e intente hacer lo posible por remediar la situación. Un ego bien gestionado aceptará la responsabilidad y aprenderá de la experiencia. Entender cómo se cometió el error y cómo arreglarlo es parte del proceso de crecimiento.

A medida que aprenda más destrezas de navegación para viajar por su carrera y vida personal, usted gana más confianza y más seguridad en sí mismo. Mientras que un error puede ser un rápido golpe a su ego, es lo que hace después de que pase lo que solidifica su autoestima.

Al acercarse a un compañero de trabajo, cliente o cliente potencial, o incluso a un amigo con una idea, producto o servicio, una persona con un ego bien gestionado primero se involucrará en un diálogo. Al escuchar las opiniones de la otra persona, usted puede abordar sus inquietudes de forma relajada y seria, o puede permitirles llegar a la conclusión que usted quiere. Al guiarles a la decisión de realizar la compra o implementar cambios, o incluso ir a una cita, siguen teniendo un sentido de propiedad de la decisión. En vez de decirles qué hacer, usted plantó la semilla y les alimentó a través del proceso de toma de decisiones.

Es importante recordar que cuando está intentando persuadir a alguien para hacer algo o actuar de una manera específica, no trata sobre usted. El foco debería estar en la persona que necesita ser persuadida. Al infundir un sentido de importancia en esa persona, usted inclina la balanza en su favor. Algunas formas sencillas de hacer esto son asegurarse que sabe su nombre, hacer preguntas sobre ellos y su familia, sobre lo que hacen y formular otras preguntas que dan la impresión de que está interesado en ellos como personas. Esto significa alejar su sentido de importancia para concentrarse, en cambio, en crear una conexión personal.

Evite discutir. Puede que usted tenga razón. Puede que usted entienda la situación mejor que la otra persona. No permita que su ego sea una influencia negativa en la situación. Mantenga su ego bajo control conversando de forma educada, mostrando respeto y demostrando que está escuchando. Una técnica es repetir lo que la persona ha dicho. Por ejemplo, reconozca sus reparos, valídelos, y después responda con una contraoferta razonable. Una conversación educada evita que se pierdan los nervios y la confianza del otro en usted.

La mejor manera de gestionar un ego es mantenerlo bajo control y maximizar sus habilidades para influir a otros coordinando su caja de herramientas con consejos y recursos para ayudarle con esta tarea. Cada persona y cada ego es diferente, le motivan diferentes necesidades y se alimenta de diferentes experiencias.

Aprenda de las transgresiones de su ego y celebre sus transformaciones. Cuando esté en una situación y su ego tome el control, no sea duro con usted y analice lo que pasó. Si usted identifica lo que provocó la respuesta, usted puede tomar medidas para evitar esa reacción la próxima vez que se apriete ese botón.

Si está resuelto a implementar un plan personalizado de gestión del ego, como cualquier experiencia de aprendizaje, establezca objetivos realistas. No compare lo que hace con nadie más. Use su nivel para guiarle. Según vaya alcanzando metas, fije otras nuevas.

Edite la historia (de éxitos) de su vida. Eche un vistazo a lo que usted dice de su vida. ¿Se atasca en un fracaso devastador para usted? ¿Incluye usted los logros que consiguió después de ese fracaso? Lo que destaca de su propia historia de vida le da una perspectiva equilibrada que un ego inflado no le puede dar. Dígale al mundo quién es usted, qué quiere lograr y su camino para llegar hasta ahí. La confianza y el conocimiento de quién es usted pueden demostrar sus habilidades para liderar e influir a otros a seguirle.

Transforme la ira y frustración en algo positivo. Cuando su ego se concentra en obstáculos, ataca sus habilidades o una voz interior grita sus inseguridades, encuentre un escape. Si es creativo o artístico, trabaje en un proyecto. Convierta la frustración en energía para entrenarse para un maratón. Tome la autocrítica e intercámbiela por algo divertido que lleve a su espíritu a un lugar feliz.

Encuentre formas de eludir la envidia, la ira, la venganza y otras emociones negativas. A algunos les ayudan las citas inspiradoras. Una piedra, moneda u otro objeto que frotar o con el que jugar cuando aumenta la tensión puede ser otra opción. Ejercicios de respiración o tomarse unos minutos para andar fuera o subir un piso de escaleras pueden redireccionar la energía negativa. Encuentre racionalizaciones que le funcionen y repítalas como un mantra de meditación. Descubra las mejores opciones y practique estos consejos hasta que sean automáticos cuando los necesite.

Transforme emociones negativas en positivas encontrando una forma de marcar la diferencia. La buena voluntad generada al ser voluntario o ayudar a otros es un ejercicio de estimulación del ego. También es una forma de demostrar los aspectos positivos de su personalidad, como la generosidad, solidaridad y compasión.

Capítulo 3: Qué no decir nunca, a no ser que quiera desalentar la cooperación

Imagínese paseando por el centro comercial. Se acerca a un grupo de quioscos, la mayoría repletos de vendedores entusiasmados preparados para venderle algo sin lo que, según dicen, usted no puede vivir. Todos tienen sus técnicas, desde hacerle cumplidos sobre su ropa hasta intentar establecer contacto visual. Lo que nunca les oirá decir es ordenarle que vayan hasta ellos.

Ladrar una orden a alguien puede que funcione en el ejército, pero a no ser que tenga la autoridad para hacerlo por comisión militar, es probable que esto le consiga una mirada enfadada o una confrontación incluso más iracunda en el mundo real. Para la mayoría de la gente es irrespetuoso. Y a otros les irritará muchísimo una orden no se acepta cortésmente ni se cumple voluntariamente. La gente se resiste y a menudo se enfada, lo que puede llevar a un altercado o situación peligrosa.

En el libro *Verbal Judo*, del Dr. George Thompson, ordenar a alguien que se acerque a usted es un ejemplo de palabras que no deben usarse en varias situaciones. Thompson, un policía, desarrolló su libro para usar como herramienta de entrenamiento para cuerpos de seguridad. Hay formas mejores de conseguir que la gente obedezca y formas eficaces de calmar una situación tensa. Mientras que los escenarios en los que usar estas técnicas pueden diferir de la intensidad en la que se encuentran los cuerpos de seguridad, la información básica puede adaptarse rápidamente a todo tipo de situaciones.

En la raíz de todos los intercambios, ya sea en persona, por teléfono, email o redes sociales, hay respeto. Cuando una persona no se siente respetada, la cooperación desaparece. Saber cómo decir algo o cómo reaccionar de forma respetuosa es una herramienta importante para controlar situaciones. A veces eso significa tener que controlar su ego y esperar la oportunidad de decir o hacer lo correcto.

En vez de una orden que pueda conllevar culpa o imponer una acusación contra alguien, por ejemplo, Thompson sugiere replantear la petición para que sea educada y tranquilizadora. Pedir hablar con alguien en vez de ordenar que den un paso al frente, es probable que fomente menos una actitud de confrontación por parte de la persona. Hacer una pregunta y obtener permiso denota que la persona está siendo respetada.

El modo en que le dice algo a alguien es importante, y las palabras que usted usa y la forma en la que lo dice también pueden tener un impacto en su reacción. Las emociones pueden nublar la forma en la que se recibe un mensaje. Una persona puede percibir que alguien está enfadado por el tono de su voz o el timbre en el que hablan. Alguien que está nervioso puede que hable en voz baja o hable muy rápido. Una persona que está triste hablará con tono más grave y con poca entonación o variación en su timbre.

En situaciones cargadas de tensión, a la gente no le gusta que le digan lo que tiene que hacer. Por ejemplo, si un cliente llama para quejarse y está muy airado, que le digan que se tranquilice o se lo tome con calma tendrá el efecto opuesto. Decirle al cliente que se calme manda una señal que está ignorando su razón por la que estar disgustado. Decirle a alguien que se calme desecha sus sentimientos como poco importantes o una pérdida de tiempo. Además, cuando alguien está emocionalmente disgustado, o cualquier otra emoción negativa, decirles que se tranquilicen nunca funciona.

En cambio, esta es una oportunidad para ganar su confianza mostrando señales de que usted lo entiende. Asentir, tomar notas o mirarles a los ojos mientras le gritan muestra que está interesado en lo que tiene que decir. Si es una llamada por teléfono, pregúnteles cuál es el problema y cómo puede ayudar. Deje que se desahoguen. Cuando paren para tomar aliento, asegúreles que ha oído su queja y que está dispuesto a discutirlo con ellos.

Una técnica es repetirles el problema que han expresado. Después pida que se lo confirmen. La gente que está disgustada quiere que le escuchen. A menudo todo lo que se necesita es dejar a la gente hablar y después ofrecer una solución al problema. Pero recuerde no hacer una promesa que no pueda cumplir o sugerir una solución que esté fuera de su alcance.

Evite amenazas inútiles. No sugiera que va a haber repercusiones por sus acciones a no ser que esté dispuesto a actuar. Cuando intente persuadir a alguien para que actúe de cierta manera, las amenazas son ineficaces, a no ser que la persona tenga tres años. También está visto como un acto de agresión, lo que causa que la persona responda de la misma manera.

En cambio, dígales por qué es importante hacer lo que usted quiere que hagan. Presente una razón lógica y hable con calma. Repita varias veces de diferentes formas lo que usted necesita que entiendan. Pregúnteles si lo entienden y si tienen alguna pregunta.

En otro escenario, puede estar tentado de decirle a alguien que sea razonable o lógico. Esas frases no son la mejor forma de conseguir que alguien coopere. Les dice que usted no cree que sean razonables, lógicos o que piensan con claridad sobre la situación.

Pacientes que han sido diagnosticados con Alzheimer o demencia a menudo pierden la capacidad de usar sus habilidades de raciocinio para determinar si algo que piensan que está pasando podría no estar pasando. A lo mejor escuchan voces o tienen pensamientos paranoicos que alguien va a hacerles daño. No hace ningún bien el decirles que sean razonables, ya que, en sus mentes, están aplicando la razón a lo que creen que está pasando.

Mientras que eso es un escenario extremo, la gente que está disgustada, herida, enfadada, sufriendo o simplemente confundida ya está agitada de por sí. Su convicción de que llevan la razón puede interferir con su capacidad para encontrar una solución de forma tranquila o ver los beneficios de lo que usted sugiere.

Escúchelos y después, con sus propias palabras, describa lo que le dijeron sobre su problema o punto de vista. Esta simple acción garantiza a la persona que la está escuchando, haciendo balance de lo que dice y considerando su posición. Al parafrasear lo que dijeron en sus propias palabras, usted consigue eliminar la emoción del argumento. Pueden procesar el contenido de lo que dijo sin las palabras provocadoras que pueden haber formado parte de sus comentarios.

Esta táctica es eficaz porque también le da a cada persona tiempo para calmarse y para que las emociones se estabilicen, sin tener que decirle a la persona que se calme. Alivia tensiones y garantiza a la persona que por lo menos le entiende.

Una vez las emociones se han reducido, se puede desarrollar una conversación sobre las acciones o soluciones posibles. Pasar de arrebatos emocionales e irracionales a una conversación real es todo un logro. Usted tiene su atención y puede seguir persuadiéndoles hacia la decisión que quiere que tomen.

¿Cómo de eficaz es decirle a un adolescente, "porque lo digo yo"? ¿Cómo respondería un cliente si tirara delante de sus narices un cupón porque había caducado y simplemente dijese "lo dice en la letra pequeña"? ¿Alguna vez se ha quejado por tasas inesperadas en su tarjeta de crédito y le han dicho que estaba explicado en la letra pequeña?

Estas situaciones diarias ilustran otra frase que nunca debería usarse cuando se aplican técnicas de persuasión. Decir algo como *son las reglas, la ley, así es como funcionan las cosas...* es molesto y no le hace parecer informado al respecto. Este es el momento cuando la razón vale la pena, simplemente ofreciendo una explicación de por qué no se permite algo.

Su hijo corre y se lanza al agua en una piscina pública. El socorrista le llama la atención por correr y señala a una señal que especifica que aquellos que usen la piscina no pueden correr en sus alrededores. Piense en cómo reaccionaría su hijo. En su cabeza, él solo estaba pasándoselo bien, ¿qué más da? A quién le importa una estúpida regla igualmente. Lo más probable es que vuelva a tirarse a la piscina corriendo otro día cuando el socorrista no esté mirando.

El socorrista está haciendo su trabajo. Es responsable de asegurarse de que los miembros pueden disfrutar de la piscina de forma segura, y parte de esto es hacer cumplir las reglas.

En vez de simplemente recordarle a su hijo las reglas, ¿qué pasaría si el socorrista le explicase que correr por la piscina es peligroso y puede que su hijo se caiga y se haga daño o posiblemente hiera a otra persona? ¿Y si le explica que, si alguien resulta herido, cerrarían la piscina? ¿Y si le dijera a su hijo que puede que los niños pequeños intenten imitar su comportamiento, pero estos no saben nadar tan bien como su hijo? Una explicación es muy útil para cambiar el comportamiento de una forma positiva.

Otra situación hipotética. Su empresa instala equipamiento de seguridad en casas y negocios, y parte del proceso de instalación requiere que todos los adultos del hogar estén presentes para aprender a utilizar el sistema. Es parte de la política de la empresa y está estipulado en el contrato de venta. Un cliente lo rechaza, diciendo que es inconveniente para su pareja estar presente en el momento de la instalación. Quiere que la empresa le exima de ese requerimiento.

Decir simplemente "lo siento, esa es la política de la empresa", no le ayudará a nadie. En cambio, puede explicarle que los adultos tienen que estar presentes para reducir las falsas alarmas, que pueden resultar en costosas multas o enviar a la policía y bomberos a su casa sin ninguna razón. Podría añadir que esta política asegura que los adultos pueden hacer en ese momento todas las preguntas que tengan sobre las operaciones con el sistema de alarma y se le explican en el momento, de manera que no habrá ninguna confusión a la hora de conectar el sistema.

La segunda respuesta que ofrece una explicación razonable y que contesta a los porqués es una respuesta mejor, porque es menos autoritaria y más razonada. Es respetuoso con la petición del cliente, y le ofrece un contexto. También le da a la persona más información que compartir con otros, elevando su conocimiento.

La gente puede ser exigente. Lidiar con quejas de clientes puede ser frustrante. A veces la gente se molesta por las cosas más tontas. No esté tentado de culparles. Preguntar "¿cuál es el problema?" de forma arrogante es beligerante. No tiene otro propósito que poner a esa persona a la defensiva. No les va a convencer para que hagan lo que usted quiere, sino justo lo opuesto.

Esta ofensa provocará la reacción porque sugiere que de alguna forma son deficientes. Sugiere que son inútiles o menos inteligentes o defectuosos de alguna manera. Eso es doloroso para ellos e ineficaz para usted. Usted quiere que la persona que está intentando persuadir esté abierta y receptiva. Si perciben un ataque verbal, se retirarán. El orgullo herido cierra muchas puertas.

En cambio, use comentarios o preguntas que pueden abrir a alguien. Está bien decir "¿qué pasa?" o "¿hay algo que pueda hacer por usted?" o "¿quiere discutir algunas soluciones?" Cualquiera de estas preguntas invita a la persona a abrirse y hablar sobre lo que les está molestando o si tienen algún problema con lo que le está pidiendo.

A veces, cuando un cliente hace exigencias imposibles o culpa erróneamente a la empresa de un problema, le sigue una respuesta reaccionaria, basada en la exasperación al preguntar qué espera que haga usted al respecto. Normalmente dicha con tono sarcástico, esta es una de esas frases con resultados negativos.

Similar al "ese no es mi problema", estas declaraciones son por lo menos perezosas y, en el mejor de los casos, irresponsables. Debilita su posición porque señala que puede que usted no sea tan culto como se presentó y que usted es poco profesional. Si su intención es convencer a alguien para que siga su consejo, esta respuesta les da la razón de dudar de su credibilidad y su efectividad.

Una alternativa a esta falta de responsabilidad es ofrecerse a ayudar a encontrar una solución o por lo menos considerar opciones. Dirigir al cliente hacia el departamento correcto, a lo mejor incluso llevarlos hasta ese lugar del edificio o asegurarse de que tienen la información del contacto directo significa que se está tomando en serio sus quejas y que pueden confiar en usted para ayudarles.

También hay veces cuando realmente usted no puede ayudar. A lo mejor el problema reside en otra empresa o es algo fuera de su especialidad. Usted mantiene su credibilidad simpatizando con la persona. Disculparse por la situación, aunque no pueda ayudar, crea una conexión y puede que esa conexión sea lo que necesite para una futura persuasión.

Al aprender las técnicas sobre las que Thomspon escribe, a los oficiales se les dice que respondan en vez de reaccionar. Esto es un buen consejo sin importar la profesión. Una reacción no es siempre constructiva. Puede aumentar las emociones y hacer que la gente se enfade o se vuelva conflictiva. Cuando se elabora una respuesta a una situación, las emociones y la adrenalina desaparecen por completo. La racionalidad prevalece, y la gente responde de forma positiva. Una reacción se puede interpretar como un acto físico que resulta en una reacción correspondiente. Una respuesta hace a la gente pensar en vez de actuar.

También hay frases más comunes usadas en conversaciones a diario que pueden reducir el entusiasmo de una persona a trabajar con usted. La frase en sí no es ofensiva ni insultante. Es la percepción de la persona de lo que significa la frase lo que causa el conflicto. Estas palabras afectan a la autoestima y limitan la cooperación.

Debido a la frustración, ¿ha dicho alguna vez, "no me importa"? Puede que sea verdad en ese momento. A lo mejor está en medio de un proyecto que requiere concentración y sus hijos acuden a usted por una discusión sobre a quién le toca jugar al último juego de Mario. ¿Está justificada su respuesta?

Aunque pueda pensarlo, la frase le dice a la persona a la que está dirigida que no son importantes, y que tiene cosas más importantes que hacer con su tiempo que escuchar lo que tienen que decir. Es probable que su familia le perdone, pero si le dice esto a un compañero de trabajo, podría causar fricción en el ambiente de trabajo.

Otra frase a evitar es decirle a alguien que no tiene razón. Puede que no, pero hay formas más diplomáticas de decirlo. Cuando se expone de forma tan abrupta, la persona lo interpreta de forma diferente. Escuchan que son estúpidos, que no saben lo que están haciendo o diciendo y que no tienen ningún valor. Replanteándolo de forma menos directa o haciendo preguntas sobre su conclusión puede suavizar el comentario y ser más constructivo con el resultado.

Decirle a alguien que no puede hacer algo es un golpe directo a su autoestima. Le aboca al fracaso. La gente necesita que le animen. Está bien decirle a alguien que va a haber obstáculos en lo que van a hacer. Y por el bien de ser completamente transparente, está haciendo lo correcto. Cuando está intentando influir a gente para que actúen, animar siempre es mejor que palabras y acciones desalentadoras.

Cuando quiere asegurarse de que alguien sabe que tenía razón sobre el resultado de una decisión y quiere hacer leña del árbol caído, puede que normalmente diga "se lo dije". Esto se interpreta como que lo que pasó fue completamente su culpa, y usted es muy superior a ellos. Nadie quiere recibir ese tipo de golpe a su autoestima.

El lenguaje es la forma en la que una persona se comunica con otras. Unir las palabras correctas puede crear una relación positiva y fomentar la cooperación. Las palabras acertadas pueden inspirar confianza y las equivocadas pueden ahuyentar a una persona.

Cuando se usa para mejorar sus habilidades de persuasión, la comunicación es un elemento vital. Usted tendrá que evocar un deseo de actuar sobre lo que usted está ofreciendo. Quiere despertar su curiosidad para que quieran saber más. Quiere que estén de acuerdo con su punto de vista. No quiere darle a esa persona una razón por la que detener o rechazar la comunicación.

Identificar la acción deseada que quiere que alguien haga es el primer paso. Determine qué emoción generará la respuesta necesaria para que la persona avance hacia esa acción. Después encuentre las palabras que animarán a la persona a llevarla a cabo. Use palabras que inspiren curiosidad, urgencia, ira, satisfacción, seguridad, felicidad, bienestar o cualquier otra emoción que satisfaga las necesidades de esa persona.

Responder cuidadosamente a situaciones con palabras profesionalmente formuladas pueden eliminar tensiones y suavizar emociones hasta un lugar seguro y gestionable. Mantiene a todo el mundo a salvo de acciones peligrosas debido a emociones crecientes y añade profesionalidad a la mezcla. Un intercambio hábil y considerado con alguien que está disgustado o enfadado es menos probable que siga causando problemas. Es mejor resolver el asunto rápidamente que dejar que la queja ascienda por la cadena de mando empresarial.

Capítulo 4: Formas amables pero muy eficaces para conseguir que la gente haga voluntariamente lo que usted quiera

La hospitalidad sureña es un concepto generalmente aceptado como verdad en cualquier lugar al sur de la Línea Mason-Dixon. La gente en estos estados normalmente siempre son cordiales, educados, y rápidamente dan la bienvenida a extraños a su ciudad. Este encanto se traduce formando una relación que es respetuosa, apropiada y mutuamente beneficiosa.

Hay mucho que aprender del sur. El encanto siempre ha sido una forma influyente de engatusar y convencer a alguien para que haga lo que usted pide. Hacer que alguien se sienta importante para usted o bienvenido a su casa o negocio genera una primera impresión positiva. Con un buen primer paso en camino, la relación tiene unos cimientos sobre los que construir.

Uno de los principales tratados sobre las artes sociales fue escrito por Dale Carnegie en los años 30. Hasta hoy, su libro, *Cómo ganar amigos e influir sobre las personas*, es un modelo para el éxito. Su duradero rol en el entrenamiento sobre liderazgo sugiere que la gente no ha cambiado tanto respecto a cómo se comunican. Sus necesidades y motivación siguen igual, incluso aunque la forma de acceder a estas haya evolucionado con la tecnología.

Una lección que aprender del libro de Carnegie es evitar las tres C: criticar, condenar y quejarse (*criticism, condemnation* y *complaining*). Perdonar a alguien por sus errores, pasar por alto sus fracasos o verbalizar irritación por no ser capaz de terminar lo que se empieza puede que sea lo que usted quiere hacer, pero es mucho mejor ser amable.

A nadie le gusta que le digan que hicieron algo mal. Aunque pueda alimentar su ego señalar los puntos débiles de otras personas, es mucho más noble ofrecer su ayuda o usar su propia experiencia para ofrecer una solución. Perdone y después olvide.

Cuando está intentando convencer a alguien para que tome una decisión o realice una acción que usted ha sugerido, es más probable que esa persona esté más dispuesta si le ve como un aliado en vez de un crítico. Si la persona no cree que le aprecia a este o sus esfuerzos, no estarán dispuestos a seguir sus sugerencias. No puede persuadir a alguien que no confía en sus motivos. La crítica es hiriente. ¿Por qué querría alguien someterse voluntariamente a la misma herida?

Cuando una persona hace algo de forma correcta, sobrepasa las expectativas o cumple con una fecha límite, asegúrese de alabar sus logros. Si alguien trabajó con diligencia, agradézcale su esfuerzo. Parece simple, pero ser agradecido es benevolente y eficaz a la hora de crear confianza.

Es fácil apreciar el buen trabajo, los logros y gestos amables. Es una oportunidad de conectar a otro nivel y construir una relación basada en la aceptación. Si la persona cree que otra persona es alentadora y aprueba lo que hace o cómo actúa, es más fácil confiar. Al confiar, una persona está más susceptible a la persuasión.

Asegúrese de que averigua qué motivará a una persona a hacer lo que usted pide. Prepárese para responder al "¿y qué saco yo?". Mire a la petición desde la perspectiva de esa persona para entender lo que podría motivar a la persona a actuar como usted querría. Cree un escenario que es un triunfo para la persona igual que para usted.

No subestime el valor de esa primera impresión. Una sonrisa, un saludo amigable, y un apretón de manos firme, todos mandan un mensaje a la persona que está conociendo. Sea respetuoso, amable y establezca una conexión que pueda ser alimentada en futuros encuentros.

Después del primer encuentro, usted debería saber el nombre de la persona, así como algunos datos sobre esta, su familia o sus vidas. Cuando llama a una persona por su nombre, significa que la relación está a un nivel diferente que en la introducción inicial. Hay una familiaridad al respecto, y la gente se siente más confiada con la gente que conoce. Les dice que a usted le importa lo suficiente como para considerar que conocerles es importante.

Según diversos estudios, cuando se solicitan contribuciones para una organización caritativa, una de las tácticas más eficaces es ponerse como objetivo a la gente que el agente de donaciones conoce personalmente. Es más probable que los donantes hagan un mayor esfuerzo monetario por petición de alguien que conocen a diferencia de alguien que les llama de la organización.

Las *Girl Scouts*, por ejemplo, rutinariamente se dirigen a su familia, familia lejana, amigos, profesores y los compañeros de trabajo de sus padres para vender galletas de las *Girl Scouts*. Una vez han agotado estos compradores potenciales, las chicas pasan a gente que no conocen personalmente.

Cuando los negocios congregan a sus empleados para formar parte de un evento para recaudar fondos contra el cáncer, los empleados piden a sus familias y otros que conocen que les apoyen. Es más fácil pedir a alguien que conoce bien que done dinero a una causa que pedírselo a un extraño. Alguien que conoce no cuestionará sus motivos porque le conocen y confían que la razón por la que les está pidiendo dinero es legítima.

Cuando conozca a alguien por primera vez, haga un esfuerzo por internalizar lo que dicen. Use sus comentarios como trampolín para hacer más preguntas sobre ellos. La gente disfruta hablando de las cosas que más les importan. Escuchar atentamente durante conversaciones es una señal sutil que le dice a la persona que usted piensa que son importantes. Al sintonizar con ellos, hace que esa persona se sienta especial y apreciada. Crear ese sentimiento cálido pone a esa persona de buen humor y un estado mental mucho más receptivo.

Mientras escucha, mantenga el contacto visual. No interrumpa o contradiga nada de lo que digan hasta que hayan terminado. Darle a esa persona su total atención señala que le importa lo que tienen que decir y usted respeta su opinión. Ofrezca elogios honestos y haga preguntas reflexivas. Si están presentando una queja, escúchelos. Este simple gesto puede resolver las emociones negativas que provienen de un problema o distorsión.

Confíe en la conversación educada y encuentre un punto en común. Muestre interés en la persona que está intentando persuadir y asegúrese de que la conversación se centra en ellos y lo que quieren obtener y no usted y sus cualificaciones. Al hacer esto, la persona se siente valorada y apreciada.

Confíe en el encanto para causar una buena impresión. No subestime el valor de la simpatía, especialmente al intentar convencer a alguien para comprar algo, tomar una decisión, o seguir su consejo. No importa lo vasta que sea su experiencia o lo conocedor que sea de un tema, si usted no le gusta a la gente, cualquier intento de persuadir a esta gente probablemente falle.

Al investigar la psicología detrás de sectas y por qué la gente las sigue ciegamente, aunque no encaje con su conciencia social, todo se reduce al carisma. Atracción física, amabilidad y otras amenidades sociales pueden influir en cómo son las personas confiadas y cómo de receptivos son a los intentos de persuasión.

Gustar a la gente es una herramienta que abre puertas, y una vez la puerta se abre, es más fácil dar su discurso de ventas. La técnica de persuasión de meter la cabeza usa cualquier apertura percibida, como una conversación amistosa, intereses compartidos o, a lo mejor, una recomendación de alguien que conoce el objetivo, para conseguir la atención de la persona de interés.

Para persuadir a alguien, tiene que tener su atención. Tiene que sostener su interés. Si no están recibiendo el mensaje, no puede influir en sus decisiones.

Una técnica de persuasión usada por el filósofo griego Sócrates todavía es tan eficaz en tiempos modernos como lo era en la antigua Grecia. Es lo más eficaz para conseguir que la gente reconozca su punto de vista y, a cambio, lo adopte como suyo propio. Esta técnica se basa simplemente en hacer preguntas en las que la persona tiene que decir sí porque la persona no discrepa de las preguntas planteadas.

Según se hace cada pregunta y se responde sí, la persona está más inclinada a estar de acuerdo con ese punto de vista porque se ha vuelto familiar para esta. Sócrates empezaría con temas de conversación en los que había un acuerdo mutuo. Preguntaría después por objetivos y resultados comunes, con respuestas afirmativas como objetivo. Una vez alguien contesta de forma negativa, un no es un obstáculo difícil de superar. Esa es la razón por la que es importante solo hacer preguntas a las que van a responder seguro que sí.

Esta técnica es eficaz porque se centra en llegar a acuerdos, sin tener que provocar un debate. Cuando dos personas pueden llegar a un acuerdo una vez, es posible llegar a otros acuerdos también.

Otra forma de mantener las conversaciones cordiales cuando intenta asegurar un acuerdo es plantar ideas en la mente de la persona para guiar a esa persona hacia la decisión que usted quiere que tomen. La gente, por naturaleza, se resiste y sospecha del resto. Si puede convencer a alguien de que su decisión es un reflejo de sus propias ideas o necesidades, les deja ser propietarios de esa idea. La persona se compromete personalmente con una idea y se asegura su cooperación.

Animar la cooperación es vital para que la conversación continúe. En cuanto a cooperación nos referimos a un toma y daca. Dese tiempo para entender el punto de vista de la persona con la que está hablando. Anticipe cómo van a responder o reaccionar a una petición. Tomarse tiempo para analizar las posibles respuestas de antemano prepararán mejor su respuesta. También le proporcionará la empatía que necesita para conectar con esa persona.

Infundir un sentido de cooperación es una táctica usada para salvar distancias entre grupos con puntos de vista opuestos. Al crear una necesidad de trabajar juntos por un objetivo común, la rivalidad entre los grupos disminuye. Pedir que ayuden en una situación de emergencia, ser voluntarios para congregar recursos para un bien común y ejercitar qué puntos en común se descubrieron cambia la dinámica de presión grupal. En vez de rivales, aquellos que cooperan aprenden que tienen aliados. Cuando los mismos obstáculos se superan, la victoria no pertenece a un grupo o al otro, se comparte mutuamente.

Lo mismo pasa cuando intenta infundir cooperación entre un persuasor y la persona que es persuadida. Tiene que haber un acercamiento en el proceso y un resultado que ambos ven como un triunfo.

Cuando sea apropiado, intente ofrecer compasión. Dígale a la madre soltera que siente que su vida sea difícil. Dígale al viudo que entiende los retos a los que se enfrenta. Si una decisión es especialmente difícil de tomar para una persona, ofrezca su comprensión. Si cometió un error o dijo algo que les ofendió, discúlpese con sinceridad y valide cómo se sienten. Estos pequeños gestos refuerzan el vínculo que se ha estado formando y refresca el espíritu cooperativo.

En todas las interacciones con la gente que está intentando influir, ser educado puede llevarle muy lejos para conseguir su objetivo. No pase por alto los detalles como un saludo amigable o usar buenos modales en sus conversaciones. No sea agresivo apresurando su discurso de ventas. Deje tiempo para que usted y la persona con la que está hablando se sientan cómodos. Cree ambiente y una atmósfera de respeto y acuerdo.

Asuma que la gente quiere hacer lo correcto. Vaya a una reunión asumiendo que la persona es honesta, sincera, honrada, cooperadora y está lista para hacerse cargo de las obligaciones y cumplir con las expectativas. Ofrezca una solución que encaja con estos atributos positivos y sus expectativas. Apele a principios mayores como la generosidad, bondad o simplemente mantener a su familia.

Cuando se pone un listón, la gente aspirará a superarlo. Dele un objetivo a alguien y se motivarán para alcanzarlo. Esa es la razón por la que la gente de ventas obtiene comisiones de las ventas que hacen. Lo mismo pasa con las expectativas. Si espera que alguien tome una decisión lógica y razonada y usted claramente comunica esa expectativa, la mayoría de la gente hará lo mejor que pueda para alcanzar ese objetivo. Pero, sin embargo, si usted supone que esta persona no será capaz de alcanzar el objetivo, usted ya ha perdido. No solo esa persona no responderá a su opinión negativa, pero su motivación para cambiar el resultado se verá afectada de forma negativa también.

Siempre hay muchas decisiones que tomar. Para aquellos que buscan persuadir a otros a actuar sobre una sugerencia o tomar una decisión, siempre hay múltiples formas de conseguirlo. La agresividad tiene su lugar en algunas situaciones, pero no funciona todo el rato. A veces, igual que la liebre y la tortuga en el cuento infantil, sin prisa, pero sin pausa, se gana la carrera y se cierra el trato.

Capítulo 5: Por qué puede que Bruce Lee haya sido el ser humano más sabio

El legendario actor y maestro de artes marciales, el difunto Bruce Lee una vez dijo, "sea como el agua atravesando por las grietas. No sea firme, adáptese al objeto, y encontrará una vía alrededor o a través de este. Si nada dentro de usted se mantiene rígido, las cosas externas se revelarán a sí mismas... Vacíe su mente, abandone la forma. Sea informe, como el agua. Si pone agua en una taza, se convierte en la taza. Usted pone agua en una botella y se convierte en la botella. La pone en una tetera, se vuelve la tetera. El agua puede fluir, o puede golpear. Sea agua, amigo mío".

Estas palabras atribuidas a Lee son poéticas. El significado es filosófico. Las palabras son inspiradoras y alentadoras. Esta cita también ofrece conocimiento inteligente sobre cómo persuadir.

Para entender cómo se aplica esto al arte de convencer a la gente para que hagan lo que usted quiera, es importante observar los elementos de persuasión contenidos dentro de la cita. La cita de Lee tiene una serie de conceptos que se pueden aplicar cuando está influyendo a un mandamás.

El agua es uno de los componentes necesarios para mantener la vida. El cuerpo humano está formado por un 60% de agua. La vida animal y vegetal consume agua. Hace crecer comida, hidrata los músculos y limpia el cuerpo. Existe en diferentes formas, y tiene varias propiedades científicas que la hacen única.

Al analizar la cita de Lee, el primer componente relacionado con la persuasión es "sea como el agua atravesando por las grietas". Cuando intenta convencer a alguien de hacer algo, puede que tenga que buscar una oportunidad para entrar, como el agua buscando una grieta o apertura por la que fluir. No todo el mundo va a estar abierto a escuchar lo que tiene que decir. Algunas personas se cerrarán en banda y se mostrarán reticentes a su persuasión.

A los agentes de policía que han sido entrenados usando las técnicas descritas en el libro *Verbal Judo*, se les enseña a buscar indicaciones que puedan ayudarles a acercarse a un sospechoso o una persona de interés de forma que no sea intimidante. Puede que vean a alguien disgustado y le pregunten qué pueden hacer para ayudarle o qué pasa. Notar expresiones faciales, lenguaje corporal, conducta y otras pistas no verbales pueden ayudar a la policía a dispersar una situación potencialmente peligrosa y dirigir una investigación con un enfoque más relajado. Buscan una forma de entrar y hacer las preguntas que necesitan preguntar.

Si aparece una grieta en una roca o en el exterior de un edificio, el agua encontrará la forma hasta dentro. Esta es una lección sobre persuasión. Necesita buscar una forma de conectar con la persona a la que está intentando persuadir. Encontrar un interés común, hacer preguntas y asegurarse de que se concentran en ellos, son todo formas de asegurarse de que se está integrando en sus vidas. Una de las formas de conectar con la gente es que trate sobre ellos, concentrarse en sus necesidades y deseos y en hacerles sentirse importantes. Esta es la grieta por la que su encanto persuasivo fluirá.

La cita de Lee también aconseja "no sea firme, adáptese al objeto". La definición de firme es tener una personalidad fuerte, convincente y con seguridad en sí mismo. Una personalidad tajante es a menudo objetivo y va directo al asunto. La firmeza puede convertirse en agresividad, especialmente cuando hay demasiado énfasis en la parte enérgica.

Durante las elecciones, la gente que hace campaña por los candidatos de su elección es a menudo firme al arengar a sus simpatizantes. Llamar a puertas, llamadas, emails y mensajes de texto molesta a los votantes en casa, en el trabajo y mientras están de un lado para otro. Involucrarse en este tipo de persuasión requiere un esfuerzo más agresivo porque es muy competitivo y el tiempo para alcanzar a la gente con el poder, que son los votantes, es corto.

Sin embargo, la persuasión firme no es siempre la táctica correcta. Según un artículo de 2017 en *The Wall Street Journal*, los investigadores encontraron que a los consumidores no les gusta que les digan qué hacer, qué comprar y a qué apuntarse. Esto es especialmente verdad para consumidores que ya son leales a una marca o empresa. Pero también depende de qué está pidiendo la publicidad que hagan los consumidores. Comprar productos se recibe de forma menos favorable que apoyar una causa, según los estudios llevados a cabo en 2017.

Cuando se aplica esta idea al objetivo de conseguir que hagan lo que usted quiera, una aproximación menos agresiva probablemente coseche mejores beneficios. Lo primero que debería hacer es establecer un vínculo, para forjar una conexión y crear una buena relación. Entre lentamente en la discusión de lo que está pidiendo. Según se desarrolla la relación, el tiempo puede otorgarle mayor firmeza en su técnica.

La segunda parte de este consejo es adaptarse al objeto, como hace el agua. Un riachuelo de montaña fluyendo montaña abajo se encuentra con árboles caídos, pedruscos, pasajes estrechos y otros obstáculos naturales y hechos por el hombre. El camino que toma el riachuelo montaña abajo a menudo es el que ofrece menos resistencia. Encuentra un camino alrededor, por encima o a través del obstáculo para llegar a un punto de unión con un flujo de agua mayor. Esto ilustra la habilidad del agua para adaptarse a su camino.

Cuando a la gente se le pide hacer algo, la reacción más común es resistirse. Necesitan tiempo para procesar la petición, sopesar las consecuencias de completar sus intereses, su código moral y las reacciones que tendrán su familia y amigos si acceden o no. A veces, se les puede convencer y que cambien de opinión respecto a su primera reacción.

No te lo pongas, un conocido programa de televisión de telerrealidad de principios de los 2000, ofrecía a gente que necesitaba ayuda un vestuario, una tarjeta de crédito y consejo de dos estilistas. La trampa residía en que la persona con falta de gusto tenía que aceptar deshacerse de toda la ropa que los estilistas decidían que no valía y comprar según las reglas de estos. Muchas veces, a lo largo de la historia del programa de televisión, la persona elegida para el cambio de imagen dudaría, ya fuese por vergüenza a que su aburrido armario acabara expuesto en la televisión nacional, por el hecho de que la moda no era una de sus prioridades o porque se sentían incómodos al estar tan expuestos. Muchos de los candidatos vacilaban antes de decir sí.

Es incómodo que le pongan en una encrucijada. La gente reacciona de forma diferente a las peticiones. Algunos necesitan tiempo para pensar en ello. Otros pueden tomar decisiones al instante. A algunos les gusta que les molesten con cosas que no han buscado directamente, mientras que otros tienen muchas reservas al respecto.

Ajustarse a la situación que se presenta y encontrar un camino esquivando los inconvenientes es un paso importante en la persuasión. Como el agua, es importante encontrar diferentes estrategias si bloquean su primer intento. Puede ser algo que dijo una persona lo que le llevó a una estrategia diferente. Puede suponer una conversación posterior. Puede que signifique que tiene que cambiar el lenguaje que usa o las iniciativas que ofrece.

Continuando con este análisis de la cita de Lee, "si nada dentro de usted se mantiene rígido, las cosas externas se revelarán a sí mismas", meterse en una discusión con nociones preconcebidas no es una buena forma de alcanzar sus objetivos. El agua no es rígida. Es fluida, cambiando de forma y adaptable.

Al discutir la rigidez y cómo puede afectar a la comunicación persuasiva, hacer memoria de cómo reacciona la gente al ser simplemente recordada sobre las reglas es una consideración importante. Acercarse a una persona con un plan establecido que no permite la meditación no es una técnica viable. No ofrece ninguna opción si la primera estrategia falla.

La rigidez es un término que se aplica a síntomas en el diagnóstico de la enfermedad del Parkinson. Hace referencia a la dureza o falta de flexibilidad de las extremidades, cuello o tronco. Esta falta de flexibilidad es incómoda y dolorosa.

La habilidad de ser flexible cuando ejerce el arte de la persuasión es crítica para cerrar el trato o conseguir que la persona haga lo que usted quiera. No todas las situaciones serán iguales, cada persona es única. Una técnica que funciona bien sin complicaciones para un cliente potencial puede que no funcione para los diez siguientes que entren por la puerta.

Para compensar esta imprevisibilidad, algunas empresas proporcionan guiones para que usen sus agentes de ventas, según la respuesta del cliente. Estos guiones permiten a los vendedores usar una estrategia diferente para obtener resultados. Crear un guion para posibles obstáculos que un cliente pueda desplegar mantiene el proceso de ventas por buen camino y ayuda a disipar dudas por parte de los clientes potenciales. Los guiones proporcionan un mensaje y estrategia cohesiva, pero permite variaciones basadas en las respuestas de los clientes.

Hay un eslogan motivacional usado a veces en ventas. NO significa Nueva Oportunidad. Una estrategia persuasiva que empieza y acaba con un *sí* o un *no* deja poco espacio para crecer y cambiar. No hay una nueva oportunidad si convencer a una persona acaba sin una afirmación.

Cuando alguien dice no, averigüe por qué. Como en la cita de Lee, las razones se desvelarán por sí solas. Evitar la rigidez le permite descubrir las razones y abordar estas preocupaciones rápida y eficazmente. Le da una razón para continuar la conversación y desplegar otros métodos de persuasión para convencer a la persona de lo contrario.

Lee le dice entonces al lector que "vacíe su mente, abandone la forma. Sea informe, como el agua". Esto es una sugerencia de no esperar que todo salga según lo planeado. Piense rápido y no llegue con grandes expectativas. Tener un plan o un *modus operandi* está bien, pero no permita que tome una forma específica.

Otra analogía con agua viene a la cabeza para reforzar esta idea. Es dejarse llevar por la corriente. A veces las mejores estrategias se formulan en el momento, basadas en la información recogida en la escena. Cualquier cantidad de factores pueden influir la decisión de una persona, desde el clima a dinámicas familiares. No tener un plan puede ser una ventaja.

A los oficiales de policía y personal militar a menudo se les pide que se inventen un plan cuando lleguen a una escena o durante un simulacro con armas. Reconocen el terreno y después diseñan un plan. Está basado solamente en lo que está pasando en ese momento, las observaciones realizadas y el conocimiento de los recursos del enemigo en el área igual que sus tácticas habituales.

Entrénese para buscar pistas en el entorno que puedan indicarle la dirección que necesita tomar para ser convincente. Deje que la conversación, con la persona a la que quiere persuadir, sea el reconocimiento para crear su plan. Vacíe su mente de todas las ideas preconcebidas sobre la persona, en cambio, use el razonamiento deductivo para formar la estrategia que tomará.

Siguiendo con la cita, Lee aconseja que "si pone agua en una taza, se convierte en la taza. Usted pone agua en una botella y se convierte en la botella. La pone en una tetera, se vuelve la tetera". La habilidad de adaptarse a la situación es un rasgo clave a tener cuando usa el poder de la persuasión. Una persona puede ser una taza mientras que otra una botella y la tercera una tetera.

La ruta que toma cada persona para llegar a un punto particular en sus vidas es diferente. Reconocer estas diferencias puede ayudar a modificar sus estrategias para ser más eficaces. Algunas personas son lógicas, de manera que apelar a su inteligencia y usar explicaciones razonables sería lo más eficaz. Otros son impulsivos. Para influir mejor a las personas que toman las decisiones, concéntrese en lo que remueva sus emociones. Puede que algunas personas que se encuentre estén lidiando con muchas cosas, por ejemplo, trabajo, familia, aficiones, etc. Valore su tiempo y dé su discurso teniendo eso en cuenta. Otro grupo de personas puede que tenga mucho tiempo entre manos. Encontrar una forma de involucrar a este grupo y ligarlo a su estilo de vida puede que sea la táctica que necesita.

Los psicólogos han descubierto que los mensajes dirigidos a persuadir son más eficaces cuando se hacen a medida de la audiencia. Hablar con alguien con estudios superiores requeriría una estrategia diferente, a lo mejor una que implica más investigación e identificación de recursos que hablar con alguien con un graduado escolar. Hablar con un grupo de agentes de ventas será diferente a hablar con un grupo de médicos o profesionales de la medicina.

A los escritores se les dice que escriban para su público. Un artista escogerá cuidadosamente la exhibición que encaja estrechamente con su estilo.

La sabiduría de Lee se vuelve incluso más profunda cuando se consideran las propiedades del agua y se aplican a las teorías de la persuasión.

La cohesión es la habilidad del agua de mantenerse unida a si misma fácilmente. Los negocios se esfuerzan por construir un personal cohesionado, uno en el que todos los miembros del equipo se mantienen unidos y trabajan todos juntos.

Cuando se aplica a la persuasión, es importante que todos los mensajes usados para persuadir sean los mismos. Los mensajes contradictorios y la falta de argumentos cohesionados causarán confusión.

El agua también tiene las propiedades de la adherencia. Esta es la habilidad de unirse a otras cosas. Piense en un vendaje sobre una herida. Está diseñado para pegarse a la piel para mantener la herida limpia y reducir el riesgo de infección.

Para persuadir, encuentre una forma de unirse a la persona a la que está intentando convencer. Encontrar intereses en común, forjar una relación y usar herramientas para hacer que esa persona se sienta importante son algunas de las formas de cosechar la propiedad de adhesión en una capacidad persuasiva.

Capítulo 6: Principios de persuasión científicamente probados que necesita saber

Hoy por ti y mañana por mí.

Esa expresión común es un ejemplo de un principio fundamental de persuasión.

Hay varios de estos principios de persuasión científicamente probados, examinados por el profesor de psicología Robert B. Cialdini en su libro *Influencia: Ciencia y práctica*. Identifica seis principios como los que hay que saber a la hora de persuadir a la gente para que hagan lo que pide. Estos seis principios son *reciprocidad, escasez, autoridad, consistencia, gustar* y *consenso*.

La ciencia detrás de cómo hacer que la gente acepte hacer cualquier cosa que les pida ha sido estudiada e investigada durante décadas. Mientras que parte de la psicología básica se mantiene igual, las innovaciones tecnológicas y dinámicas de socialización han reclamado nuevas interpretaciones. Entender cómo funciona la influencia puede ayudar a conseguir sus metas y protegerle de influencias externas no bienvenidas que puede que no tengan las mejores intenciones respecto a usted.

El primer principio que Cialdini discute es la *reciprocidad*, el principio implícito en la frase de apertura de este capítulo. ¿Conoce a alguien que compra regalos de Navidad extra por si alguien que no está en su lista les hace un regalo? Para esta persona, cuando alguien le da un regalo, tienen que devolver el gesto. Mientras que puede que se considere como buenos modales, es también muy eficaz para conseguir que la gente esté de acuerdo con algo.

¿Le gustaría huir del nevado norte por unos días soleados en Florida? Esta empresa le pagará su estancia en un hotel, le ofrecerá cheques de comida y le dará acceso a todas las amenidades. ¿Suena bien? Todo lo que tiene que hacer es aceptar ir a un seminario de multipropiedad durante su estancia.

La mayoría de la gente sabe que esas vacaciones *gratis* no son en realidad gratuitas, es un compromiso para aguantar un programa de ventas intensivo con la esperanza de que firme para adquirir una multipropiedad en el resort. Esas vacaciones gratuitas pueden acabar costándole miles de dólares hacia el final de sus vacaciones en Florida.

La empresa de multipropiedad está usando la reciprocidad para ganar una audiencia cautiva para el discurso de ventas. El *regalo* de las vacaciones gratuitas ejerce presión en aquellos que aceptan el regalo para devolverlo de alguna forma. Las tradiciones nos dicen que tenemos la obligación de devolver una buena acción con un acto igualmente amable.

Muchos académicos creen que esta reacción obligatoria a un regalo es el resultado de una evolución cultural. Los humanos tuvieron que aprender a compartir recursos y trabajar juntos para sobrevivir a la brutalidad de la historia humana. Cada persona cuidaba de los demás, y ese acto de protección se devolvía igualmente.

Los regalos también pueden causar conflictos a la persona que recibe el regalo. Por ejemplo, comprar una copa a alguien en un bar puede que parezca algo amigable que hacer. Para muchas mujeres, sin embargo, ese regalo viene con una obligación tácita. Mientras que puede que resulte halagador para algunas personas que les muestren interés, también produce sentimientos de incomodidad al preguntarse qué entraña aceptar ese regalo.

El segundo principio universal es la escasez. La premisa detrás de esta es que un artículo en escasez es excepcional, o lo que no está ya disponible se vuelve mucho más deseable. La gente quiere lo que no puede tener. Es la naturaleza humana.

Edición limitada. Oferta exclusiva para TV. Lo nunca antes visto. Se agota el tiempo. Son frases como estas las que despiertan el interés de la gente y convierten algo que nunca habían pensado comprar antes en algo que tienen que tener.

En 1973, una escasez percibida de pañuelos de papel acabó en las noticias después de que un oficial electo lanzase un comunicado que, debido a una escasez en Japón, el gobierno de EE.UU. había sido incapaz de asegurar suficiente papel higiénico para suministrar a las tropas. El presentador del programa de televisión nocturno Johnny Carson hizo una broma sobre la escasez de papel higiénico, adornando el resumen de noticias. Aunque los productores nacionales de papel indicaron que el suministro era suficiente y no había escasez, la gente empezó a comprar y acumular papel, incluso pidiéndolo como regalo en ocasiones especiales.

Algunas tiendas doblaron el precio que cobraban y limitaron la cantidad que podían comprar los consumidores. No ayudó, y el suministro de las tiendas desaparecía a diario. El papel higiénico se convirtió en un artículo de lujo. Se vendía y compraba, incluso en el mercado negro. El frenesí duró alrededor de cuatro meses.

Los consumidores equiparaban un espacio vacío en un estante o planta de exposición como una indicación de que el producto era importante porque estaba agotado. Crear una sensación de urgencia al pedir a alguien que haga lo que quiere es una forma de incorporar este principio en la persuasión. El mensaje de "actúe ahora antes de que desaparezca" es eficaz. Esa es la razón por la que las empresas incluyen fechas de vencimiento en cupones o promociones de ventas.

Sin embargo, la misma mentalidad que lleva a la gente a acumular papel higiénico también puede usarse para manipularles a hacer compras que no necesitan.

El tercero en la lista es el principio de *autoridad*. La premisa de este principio es que la gente confiará en alguien que reconocen como una autoridad, ya sea por apariencia, ropa, credenciales visuales... La confianza puede ser tan profunda que la gente puede cumplir con peticiones que son inconsistentes con su carácter, como infligir daño, como un experimento probó en 1974.

A los niños se les enseña a escuchar a aquellos con autoridad, como sus padres, profesores, directores escolares, policía, clero... Esto continúa en la vida adulta. Los adultos trabajadores aprenden la jerarquía de su lugar de trabajo y saben que tienen que hacer caso a su jefe y sus superiores. La gente ve a alguien con uniforme dirigiendo el tráfico en una intersección y saben que tienen que seguir sus indicaciones. La mayoría de la gente respetuosa con la ley no duda en actuar según las instrucciones de un oficial de policía.

Las figuras de autoridad prevalecen en una sociedad estructurada. Los estudios demuestran que la gente es más propensa a confiar en el conocimiento y experiencia de un profesional de la salud que exhibe sus credenciales en la pared de su consulta. Un profesor que ha publicado artículos sobre su materia está mejor considerado que un profesor sin publicaciones. Es más probable que se tomen en serio a alguien que lleva uniforme que alguien que no, incluso aunque suponga tener que entregarles dinero.

El respeto y adhesión a la autoridad crea un problema. Es plausible que una persona con autoridad pueda usar su posición en la comunidad para aprovecharse de la gente. Por ejemplo, si un médico prescribe un tratamiento que no es en el mejor interés del paciente, puede que sus órdenes pasen sin cuestionarse. Ha habido incidentes demostrados de oficiales de policía abusando de su poder con avances sexuales o intimidando a testigos potenciales. Recientemente, un entrenador universitario fue expuesto por no seguir el protocolo relacionado con un incidente de violencia doméstica supuestamente cometido por un ayudante del entrenador.

Para persuadir a alguien usando este principio, usted debería vestirse de forma profesional y apropiada para la decisión que quiere que tomen. Un agente inmobiliario, por ejemplo, se vestirá de forma diferente que un paisajista. Un médico llevaría bata. Una abogada llevaría un traje. En todos estos ejemplos, las ropas que llevan no solo indican su profesión, sino que les establecen como figuras de autoridad respecto a lo que hacen.

Establecer su experiencia en el primer contacto también es beneficioso para establecerle como una autoridad. Cuando se compartían con los clientes potenciales las credenciales de los agentes inmobiliarios en una oficina en el primer contacto, el número de visitas confirmadas aumentó de forma considerable.

Otra forma de establecer su autoridad en relación con el objetivo de la persuasión es tener las herramientas que necesita para el trabajo. Tarjetas de visita, cartas de referencias, un currículum y cualquier otra documentación necesaria para presentarse y destacar sus credenciales.

La *consistencia* es el cuarto principio fundamental de la persuasión. La explicación de esta teoría sugiere que una vez una persona escoge una causa, los obstáculos personales e interpersonales harán que esa persona se comporte de forma consistente con su compromiso original.

Normalmente, una persona hará una pequeña promesa, como ser voluntario en un refugio animal local una vez al mes. Según cumplen esta promesa, se verán empujados a continuar siendo voluntarios o ayudando con otras necesidades, como recaudando fondos. Es probable que ese vínculo continúe por un largo periodo de tiempo.

La consistencia es uno de los rasgos de la personalidad que se consideran deseables. Significa que se puede confiar en una persona. Sus acciones coinciden con sus creencias y palabras. La gente cuya postura sobre cuestiones cambia contantemente o dice una cosa y hace otra, no tienen consistencia. Con este tipo de persona, es difícil confiar en lo que dicen que harán.

Pero también hay una trampa. Cambiar de opinión sobre un tema no es algo malo. Demuestra crecimiento, un mejor conocimiento y una percepción mejorada. Es mucho más fácil aferrarse a las mismas creencias por pura consistencia que revisitar el problema continuamente. Es casi como como un piloto automático de nuestras creencias e ideales.

Como persuasor, la consistencia debería estar en su abanico de técnicas. Intente conseguir primero un pequeño compromiso. Una vez asegurado, es probable que la persona acepte compromisos adicionales.

Una empresa que instala sistemas de filtrado de agua, por ejemplo, querrá asegurar un compromiso de un potencial cliente para que haga un test de calidad de agua en su casa. Cuando un cliente accede al test, el siguiente paso es mostrar a los propietarios cómo puede ayudar el sistema de filtrado. Como ya han aceptado realizar el test de agua y expresado sus inquietudes sobre la calidad del agua corriente, el siguiente paso es fácil. Si los propietarios están preocupados por el agua, entonces querrán una solución, y un agente de ventas de la empresa está preparado para ayudar con este siguiente nivel de compromiso.

¿Preferiría darle dinero a un extraño o a alguien que conoce y le agrada?

En pocas palabras, ese es el concepto detrás del quinto principio fundamental de la persuasión. La gente es más receptiva a peticiones hechas por amigos o familia. Si usted no es ninguno de estos, es importante ser agradable para ser lo más persuasivo posible. ¿Y cómo podría comunicar esto en un entorno online?

Es más fácil determinar si nos gusta alguien cuando estamos sentados en la misma habitación que esta persona. Podemos leer sus expresiones faciales, escuchar entonaciones en su voz, determinar si su apretón de manos es firme o flojo, ver su lenguaje corporal y simplemente intuir cómo es esa persona. Cuando interactúa en el mundo digital, algunas de las formas de juzgar el carácter de una persona quedan descartadas.

Los expertos dicen que tres características determinan si alguien pasa el examen de la simpatía.

Primero, a la gente tiende a gustarle las personas parecidas a ellos. En un estudio realizado por una escuela de negocios, a los participantes se les daba una fecha límite para negociar un acuerdo. De aquellos en este grupo, un poco más de la mitad, sobre el 55%, llegaron a un acuerdo. A un segundo grupo se le dieron instrucciones similares, con directrices adicionales de llegar a conocer a las otras personas en la habitación. Con este segundo grupo, después de buscar similitudes entre sus compañeros de clase del MBA, nueve de cada diez participantes fueron capaces de llegar a un acuerdo, según Cialdini.

Esto se utiliza a menudo en varias situaciones de ventas. Asistir a una fiesta donde se presenta un producto, como velas, menaje, joyería, lencería o incluso juguetes eróticos es una forma popular de que los vendedores muevan sus productos. Se le proporcionan regalos al anfitrión a cambio de invitar a algunos amigos, vecinos, compañeros de trabajo... Estas fiestas normalmente empiezan con alguna actividad para romper el hielo, algo que ayuda a la gente a conocerse. Forjar este vínculo hace esta experiencia más divertida y añade presión para aumentar las ventas. Cuando los asistentes a la fiesta ven a otros comprar, perciben que, si estos artículos están en tanta demanda, los productos deben merecer la pena. Se ven impulsados a hacer lo mismo, para regocijo de los vendedores que recogen los beneficios de los pedidos.

Un segundo factor de la simpatía es si alguien le elogia o no. Esto toca la autoestima de la otra persona, sube su ego y les vuelve más receptivos a usted. Incluso decir "me gusta" puede ser suficiente para integrarse con la otra persona. Elógieles por su decoración, inteligencia, sentido del humor o mascotas. Para encontrar cosas que alabar, mire por su casa, una fotografía en su mesa o alguna otra pista. La gente tiende a guardar recuerdos a mano de las cosas que más les importan.

Solo asegúrese de que los halagos que usa son apropiados, especialmente cuando dirige un negocio. Evite elogios que puedan ser percibidos como acoso sexual y cualquier cosa que pueda incomodar a la gente.

Cuando conozca a una persona en un entorno social, se aplica lo mismo. La gente busca una forma de conectar con otras personas, y aquellos que hacen que una persona se sienta bien son los más apreciados. Sea sincero en sus elogios.

Por último, a la gente le gustan otros que contribuyen para llegar a un objetivo mutuo. Considere la dinámica de un equipo deportivo. Diferentes personalidades se juntan para jugar a un deporte con el objetivo de tener una buena temporada. Mientras que puede que el objetivo se consiga o no, el hecho de unirse y hacerlo lo mejor posible en el campo, la pista o la cancha, marca la diferencia en cómo le perciben.

En cambio, piense en cómo reacciona respecto a la gente que no participa, pero quiere recoger la recompensa. Un grupo de compañeros de clase que tienen que trabajar juntos en un proyecto para conseguir una nota contribuyen equitativamente en el trabajo. Cuando esto pasa, todo funciona bien y se establece una relación positiva. Cuando uno o más miembros del grupo holgazanean, aparece el resentimiento y es probable que los otros miembros tengan una opinión negativa de aquellos que no cumplieron con su parte.

Gustar a alguien es una de esas consideraciones que varían de persona a persona. Usted no le va a gustar lo suficiente a todo el mundo como para hacerse mejores amigos, invitarle a una fiesta o incluso esperar verle otra vez. Eso está bien. Hágalo lo mejor que pueda para encontrar puntos en común, halagarles y mostrar su disponibilidad de ayudarles a que alcancen su objetivo y la interacción será productiva.

El sexto principio fundamental de la persuasión es el *consenso*. Esto no está influido por un individuo sino por lo que la persona percibe que otros hacen. Por definición, el consenso es el acuerdo unánime de todos los implicados. También significa solidaridad del grupo respecto a acciones y creencias.

La teoría es que las personas que están tomando una decisión harán lo mismo que hacen otras personas. Una teoría en comunicación persuasiva que respalda este tipo de toma de decisiones es la teoría de la demostración social. Es un método usado por muchos gobiernos y organizaciones no lucrativas para animar al público a actuar de cierta manera como "no beba si conduce", por ejemplo. Términos como *mayor crecimiento* o *éxito de ventas* usados en publicidad mandan un mensaje que hace pensar a otros que este producto es genial y no deberían perdérselo.

Uno de los consejos para la recaudación de fondos cuando solicita donaciones en metálico o cuando trabaja por propinas, es poner unas monedas de antemano en el tarro. La presencia de donaciones a plena vista anima a otros a dar también. Sugiere que la respuesta apropiada es hacer una donación o poner algunas monedas en el tarro de las propinas. Las iglesias dependen mucho de este método. Mientras pasan la cesta de la colecta por el pasillo, la gente se ve obligada a dar porque todo el mundo ha hecho lo mismo.

Igual que los superpoderes, estos fundamentos también pueden usarse por razones menos nobles. La ingeniería social es una manera moderna de ganar confianza y seguridad para aprovecharse de la gente. La piratería informática es un ejemplo de cómo estos conceptos pueden poner a gente en desventaja cuando se usan por personas con malas intenciones. Es importante entender los fundamentos para conseguir su propio éxito, pero es igual de importante entender cómo estas mismas tácticas pueden usarse en su contra.

La ingeniería social es un término moderno que se refiere a manipular, influir, o persuadir usando medios engañosos para ganar acceso a un sistema operativo u obtener información confidencial. Esto se hace usando un teléfono, email, dirección postal o redes sociales. No está restringido a piratear un ordenador. Puede ser de carácter personal también, al intentar conseguir que una persona proporcione información, como números de cuentas bancarias, contraseñas, números de la seguridad social u otra información personal.

Debido a que la ingeniería social funciona con cierta conexión percibida entre el pirata y la víctima, la gente es más confiada en ciertos escenarios de ingeniería social. Por ejemplo, puede que una persona reciba un email aconsejándole que su tarjeta de crédito mostraba una actividad inusual. Puede que el criminal no sepa seguro si tiene esa tarjeta de crédito, pero si es una de las más comunes, es muy probable que sea el caso de la víctima potencial.

El email puede incluir un enlace a una página web para el cliente para verificar su información. Los criminales pueden usar una copia del logo de la empresa de la tarjeta bancaria y replicar la página auténtica para convencerle que el email y página enlazada son legítimas. La gente tiene una falsa sensación de seguridad a la hora de interactuar online. Un enlace al alcance de la mano, una petición que suena oficial, y en poco tiempo, puede que los criminales sean capaces de engañar a una víctima potencial y obtener la información de su cuenta para suplantar su identidad.

Otros mensajes que puede recibir pueden indicar que un amigo o familiar está en peligro y necesita su ayuda inmediatamente. Puede ser una petición de donaciones para apoyar una causa justa, como ayuda humanitaria, una notificación de un premio de una rifa o alguien suplantando a su jefe o compañero de trabajo.

En otro escenario, el enlace puede contener un malware embebido. Esta aplicación de software está diseñada para recoger información adicional sin su conocimiento mientras usted usa su ordenador para dirigir su negocio. O puede contener un virus que destruye archivos y obstaculiza su sistema operativo.

Estas argucias operan con la premisa de que usa algo de valor o algo importante para la víctima deseada de forma que esa persona muerda el anzuelo. El fraude electrónico hace morder el anzuelo a la persona con las esperanzas de que la esperada recompensa para la víctima sea demasiado buena como para no responder.

En algunos casos, el criminal creará una identidad falsa en las redes sociales usando su información para causar problemas. En este tipo de situaciones, el motivo puede ser la venganza por una ofensa percibida, pero también podría usar su identidad para dirigirse a otros. A menudo estas estafas implican engatusar a la víctima por su dinero o dañar su reputación.

Estudiar y aplicar fundamentos probados del arte de la persuasión puede suponer la diferencia respecto a cómo alcanza sus objetivos. También le proporciona una referencia cuando es el objetivo de un manipulador que puede estar usando estos mismos fundamentos para cometer un crimen. Igual que los cimientos de un edificio son el punto inicial de una construcción, los fundamentos le proporcionan un conocimiento de la persuasión y control mental, un lugar fiable donde empezar.

Capítulo 7: Estrategias de manipulación secretas que la gente no quiere que usted sepa

La comunicación persuasiva normalmente se practica con el propósito de influir a la gente a comprar, votar por un candidato, hacer una promesa, o por razones que ofrecen algún beneficio a las partes implicadas. Sin embargo, esa no es la única forma en la que se usan las técnicas de persuasión.

Aquellos que tienen motivos que no son decentes, éticos o morales, tienen métodos para ponerse a la delantera de sus víctimas. La vulnerabilidad es un rasgo atractivo para estos manipuladores. Su presa son víctimas que pueden ser influidas por sus propias emociones y aquellas que no son conscientes de cómo funcionan estos explotadores.

Al aprender sus trucos, y entender la motivación de las víctimas, usted puede protegerse contra estas estrategias. Cualquiera puede ser una víctima porque todo el mundo es vulnerable en algún momento de su vida. A todo el mundo le influyen sus emociones. Las decisiones tomadas cuando una persona está triste puede que sean diferentes de cuando están contentas. Alguien que se siente solo es una buena víctima porque la mayoría quiere encontrar pareja, amigos o compañía. Esa soledad abre la puerta para aquellos con experiencia en la seducción.

La seducción no se refiere a un objetivo sexual, aunque esa es la connotación más frecuente. Los seductores con experiencia discutirían que la seducción trata sobre el juego y la recompensa es conseguir que alguien les desee. La seducción se define como algo que atrae o cautiva. A los humanos les cautivan muchas cosas, por ejemplo, el dinero, poder, gratificación sexual y amor y es el deseo por estas recompensas de donde los seductores sacan su poder.

A veces, es la anticipación de que algo deseado estará al alcance de la mano lo que dirige a una persona a la trampa de la seducción. Considere lo emocionante que es reservar unas vacaciones o hacer planes con un buen amigo. Es a menudo la expectativa de lo que pasará lo que hace que el esfuerzo merezca la pena.

O, por poner otro ejemplo, el aliciente de un nuevo trabajo con un sueldo más alto y el ambiente de trabajo mejor es poderoso, especialmente si alguien no está contento con su empleo actual. Que le llamen para hacer una entrevista o le ofrezcan un trabajo le sube la autoestima. Si un empleado no se siente apreciado, un nuevo empleo es una posibilidad tentadora.

Pasa lo mismo con una seducción realizada por razones inmorales o deshonestas.

El primer paso en el proceso de seducción, como todos los intentos de persuasión, es escoger una víctima. Tiene que ser alguien fácilmente seducido por los encantos de un seductor. Aquellos que están emocionados de trabajar con usted no son un buen objetivo. Lo más probable es que tengan sus propios motivos y busquen algún tipo de acuerdo recíproco.

Alguien que se siente atraído por usted por alguna razón o alguien que le atrae a usted si usted es la víctima intencionada, es una elección mejor para la seducción. Esta atracción puede ser debida a su posición en la empresa, sus credenciales o incluso su apariencia.

Es difícil determinar la atracción física, ya que las preferencias personales a menudo influyen en la determinación de la atracción, igual que las influencias sociales.

Es ampliamente aceptado que la gente considerada por otros como atractiva tiene una ventaja respecto a cómo les perciben otros. Un efecto de halo es cuando una característica de una persona es la base de cómo les juzga la gente. Las investigaciones determinan que se percibe a la gente atractiva como amable, honesta, inteligente y con talento, sea verdad o no para ese individuo. Los estudios también indican que la gente no es consciente de que está tomando decisiones basadas en el atractivo físico.

Este favoritismo por la atracción física ha sido demostrado en las elecciones políticas, el proceso de contratación de candidatos o sistemas judiciales. Y a la hora de influir a otros para que tomen decisiones, las personas atractivas tienen mejores resultados, según estudios e investigaciones.

Esa es la razón por la que la atracción física juega un papel tan importante en la seducción. La habilidad de cautivar a alguien es más fácil cuando esa persona tiene el mismo sesgo que otros respecto al atractivo.

La atracción también puede venir de atributos no físicos, como la percepción de amabilidad, inteligencia, intereses en común, un buen sentido del humor, o cualquier otro rasgo que tiene una reacción positiva entre dos partes. Cualquiera que sea ese atributo, los seductores trabajan para determinar qué es y asegurarse de que su víctima se concentra en esa atracción.

Para influir a alguien, tiene que haberse hecho una conexión. En el día a día, esto se hace con una sonrisa, saludando o un vendedor ofreciéndose a ayudar en la tienda. En el oscuro mundo de la seducción, esta interacción toma un enfoque diferente. El objetivo es hacer que la víctima actúe por sus propios deseos, para que sea una estrategia más sutil, aunque mucho más concentrada.

Estas tácticas incluyen dirigirse a la persona indirectamente, a lo mejor a través de un amigo en común o simplemente entablando una conversación. Esto introduce al seductor lentamente en la vida de la potencial víctima.

Esto es particularmente cierto en entornos de trabajo en los que la seducción tenga el objetivo de un puesto mejor o más prestigioso en la empresa. Conseguir una posición establecida con la persona que puede ayudarle a alcanzar esto requiere una metodología sutil e indirecta.

A continuación, el seductor mandará mensajes contradictorios. Estos pretenden confundir y también intrigar a la víctima. El seductor espera que la víctima quiera averiguar más, para determinar el personaje real que el seductor plasma.

Salpique sus conversaciones con frases, historias y anécdotas que exageren su inteligencia o estatus social. El propósito de estos chismes bien utilizados es crear un personaje mejor que la realidad. En otras palabras, conviértase en la persona que quiere ser, ya sea el CEO o Casanova. Aprenda a predicar con el ejemplo para encajar en el círculo social en el que necesita estar. Esto solo aumenta su atractivo.

La gente quiere lo que otros tienen. Ese es uno de los principios que impulsan el consumismo. Cuando un producto es popular para otros, los consumidores no quieren perdérselo y harán la compra. Lo mismo pasa cuando una persona intenta influir a alguien en un intento de seducción. Crear un triángulo amoroso o estar de golpe en una relación siembra la idea de que el seductor es todo un partido, y la habilidad de atraparle como pareja alimenta su vanidad, como ha sido expresado por expertos en seducción.

Cuando se aplica a una situación laboral, reconozca las conexiones que hace y sus logros, pero evite nombrar a gente importante o fanfarronear. Crear una lista online de clientes o exhibir el número de casas vendidas este año en una publicación en las redes sociales es una forma discreta de echarse flores. Asegúrese de que incluye una respuesta humilde, agradeciendo a otros su ayuda para ganar este reconocimiento.

Esto tiene dos propósitos. Uno, mejora la impresión de su éxito exhibiéndolo. Eso significa que no tiene que hablar de ello. Dos, sugiere que usted es humilde y agradecido con sus compañeros de trabajo, amigos y familia. Puede que esto no sea cierto, pero ha usado esta oportunidad para crear esa impresión.

Crear descontento con las circunstancias de la víctima es otra forma en la que el seductor entra en la vida de la víctima. La idea es que la víctima vea al potencial seductor como la respuesta a los problemas de su vida. Si la víctima empieza a creer, por ejemplo, que su pareja no les aprecia, esto, a su vez, crea el descontento. Si la víctima lleva un estilo de vida independiente, un seductor puede que haga que la víctima se pregunte qué falta en su vida y el desahogo que supondría tener una pareja. Cuando la víctima formula estas dudas, el seductor puede presentarse como el salvador.

Encuentre una forma de señalar los problemas en las aplicaciones de negocios para practicar el arte de la seducción en su trabajo. Indique quién o cuál es el problema y después ofrezca una solución. Use el descontento en la oficina para proponer sus ideas para el cambio. Ya sea la razón económica, de personal o de percepción pública, señalar los fallos y ofrecer una forma de arreglarlos le convierten en un valioso activo para la empresa.

Igual que los cineastas usan el suspense para mantener a la audiencia interesada, los seductores aplican esta técnica en las relaciones que cultivan con sus víctimas. Hacen algo que parece ser espontáneo, como mandar flores sin ningún motivo, por ejemplo. El elemento sorpresa mantiene a la víctima pensando qué será lo siguiente y evita que el interés disminuya.

Otra técnica es asegurarse de que tiene su atención. La víctima tiene que escuchar y creer lo que se le dice para que funcione la seducción. Los seductores se asegurarán de que sus frases son lo que la víctima quiere oír. Utiliza sus inseguridades, y les hace dudar de su situación actual.

Decirle a la gente lo que quiere oír es una técnica de persuasión probada. Afirmar lo que creen crea un aliado en la situación y una conexión enraizada en cómo el seductor les hace sentir emocionalmente.

Incorporar un valor de entretenimiento en una presentación o conversación es una herramienta simple para reforzar pensamientos agradables sobre usted. Cuando tiene la atención de la multitud o el individuo que se ha fijado como objetivo, haga que sea memorable. No solo le da al público algo de lo que hablar, sino que también les hace recordarle.

Cuando una persona experimenta algo, esa experiencia se vuelve un recuerdo. Para convertirlo en un recuerdo que se puede rescatar fácilmente, los expertos en memorización dicen que hay que reforzar lo que está intentando aprender con elementos dramáticos. Cuando está en medio de una seducción, quiere ser inolvidable. Quiere estar en sus pensamientos, y quiere que su nombre sea el primer pensamiento cuando tiene que escoger algo.

Una seducción exitosa usa la estrategia para conseguir los resultados que el seductor quiere. Sea demasiado agresivo al maniobrar y el tiro puede salirle por la culata. Puede asustar a la víctima o a aquellos a los que quiere impresionar. Planee su estrategia para hacer que la otra persona sienta que está a cargo. Deles la impresión de que son superiores a usted de alguna forma. Mostrar su vulnerabilidad es un movimiento de psicología inversa. Sacarse partido como el subordinado juega con la buena naturaleza de su planeada víctima. Esto les desarma y refuerza el vínculo que tiene con usted.

La estrategia de seducción también implica crear la ilusión de que se dará cuenta el objetivo debido a usted. ¿Cuáles son sus sueños? ¿Son unas vacaciones en Belice? ¿Es casarse y tener una familia? ¿O simplemente hacer que su vida sea más fácil?

Cualquier cosa que deseen sus corazones, este sueño debería ser parte de la ilusión que crea de su futuro. Incluso si su meta es vender un producto a su objetivo, juegue con la parte de sus sueños que son relevantes. Muestre cómo comprar este producto hará su vida más fácil y así podrá estar más tiempo con su familia, por ejemplo. No mienta, simplemente adorne lo que tengan.

Descubrir los deseos secretos del objetivo es crucial para crear esta ilusión. Haga los deberes y descubra qué es lo que más quieren en este mundo. Una vez tenga esta información, usted puede empezar a construir la ilusión y asegúrese de transmitir que tenerle a usted en sus vidas es clave para que sus sueños se conviertan en una realidad.

La unión hace la fuerza y esa es la razón por la que es importante aislar a su objetivo. Deshacerse de influencias externas y otros que influyen en la víctima, fuerza al objetivo a recurrir a usted para apoyo. Esta es una técnica de victimización común. La gente es más vulnerable cuando están solos o en un territorio poco familiar. Cuando usted es todo lo que tiene para buscar consejos, consuelo, afecto y atención, usted les tiene en su poder.

En algunas situaciones, lo opuesto puede ser eficaz. Al hacer creer al objetivo que son su única alternativa, como una oportunidad laboral, sugiere que su empresa es especial y que son importantes. Eso crea un efecto de bienestar que puede mejorar sus posibilidades.

Cuando encuentra resistencia en sus intentos de seducción, encuentre una forma de demostrar lo que vale. Realice un acto desinteresado por esa persona o planee una tarde especial. Desvivirse para refutar sus dudas disminuirá su resistencia. Demuestre su valía y mérito y renueve sus esfuerzos.

A menudo, las relaciones pasadas del objetivo ofrecerán información sobre lo que necesita añadir a su estrategia. ¿Qué era lo que les hacía feliz de su anterior pareja? ¿Qué muestras de cariño son las que recuerda con más afecto? Una vez tenga este tipo de información, puede usarla en su provecho desatando estos recuerdos felices. Si un amor anterior siempre le daba al objetivo una flor específica, asegúrese de que consigue esa misma flor. Si una escapada a una casa en un lago fue un recuerdo feliz, encuentre una forma de evocar esas emociones asociadas con esto.

El propósito de esta táctica es provocar que el objetivo regrese a un recuerdo que les hace feliz. Al estimular recuerdos placenteros y colocarse usted en esta escena, usted crea un vínculo entre esos buenos momentos en el pasado y los buenos tiempos que su presencia promete en su vida.

Llevar a su objetivo al límite puede ser emocionante, especialmente si es un límite establecido por valores sociales o profesionales. Compartir un secreto con el objetivo, descubrir sus pasiones secretas u ofrecer una oportunidad de sobrepasar los límites de una relación es tentador para la mayoría de la gente. ¿Recuerda cuando su mejor amigo de la infancia le pidió que le guardara un secreto? Pensar que confiaba en usted como para guardar este secreto le subió la autoestima y fue emocionante. El seductor sabe cómo sacar provecho de estos deseos.

Haga que su encanto sea multidimensional para su objetivo. En vez de concentrarse en el deseo sexual, por ejemplo, acceda al lado espiritual o creativo de su objetivo. De esta forma su objetivo no se siente inseguro sobre su apariencia o habilidades. En cambio, usted despierta su mente de una forma diferente.

Crear una razón moral para sus esfuerzos de seducción también disipa inseguridades. Esto transforma la relación que está estableciendo en una de varios niveles. Usted está involucrado en aspectos de la vida del objetivo, dando más propósito a su atención e interés.

Mezcle sus interacciones. Ser demasiado educado, demasiado atento y demasiado previsible es contraproducente. En la seducción, el objetivo no puede estar demasiado confiado en su importancia para usted. Incluso llegar tan lejos como para romper con ellos puede estimular su concentración en usted.

En vez de halagarle, sea cortante. En vez de una conversación amable, suelte alguna palabrota. Haga algo para sacudir los cimientos de lo que el objetivo espera. En realidad, nadie es educado 24 horas al día, siete días a la semana. La gente se cansa. La gente se siente abrumada. Cuando esto pasa, las conversaciones son mucho más directas y a menudo, antagónicas. Un cambio de tono hace el escenario que ha creado más realista para el objetivo.

En algún momento en la seducción, el objetivo se acostumbrará a usted. Puede que sus esfuerzos para mantenerle interesado disminuyan. Este es el momento de hacerse el duro. Dé un paso atrás en la situación, indique que está considerando pasar página, que la relación parece que se está agotando. Solo pensar que pueda perderle volverá a avivar su deseo de estar con usted.

Se puede usar la misma técnica para negociar un aumento de sueldo o comprar un nuevo coche. Decirle a su jefe que está considerando una oferta para un puesto en una firma rival puede impulsarle a aprobar ese aumento de sueldo. Decirle al vendedor de coches que se ha pasado las últimas dos horas intentando que diga sí a un acuerdo que le está proponiendo que está considerando una oferta de otro concesionario, puede ser el incentivo que el vendedor necesita para aprobar el trato que usted quiere.

Mantenga las cosas interesantes estando siempre a tope. Cultive el sentido de seguridad del objetivo mientras que le mantiene estimulado. Haga lo que pueda para deshacerse de todas sus dudas sobre sus intenciones. Al mismo tiempo, haga que el objetivo le desee. Mantenga las apariencias externas a la altura de las expectativas y continúe acumulando su encanto.

A estas alturas, usted tiene a su objetivo donde quiere. Ahora es el momento de manifestar sus intenciones. Dé el paso y haga que valga la pena. No le dé la oportunidad a su objetivo de dudar. Todas sus acciones hasta este momento se han concentrado en convencer a su objetivo de que todo gira alrededor de este. Ahora es el momento de que gire alrededor de usted y de la meta que se ha propuesto.

El resultado de la seducción puede ser delicado. Las emociones han sido intensas y el futuro es incierto. El seductor puede decidir acabar la relación, dejando, por tanto, al objetivo confundido y disgustado. Si el seductor decide continuar con la relación, partes del proceso de seducción probablemente tengan que volver a ponerse en juego para aumentar la energía que mueve la meta de la seducción.

Los secretos de la seducción ofrecen información de los complicados juegos mentales que ocurren cuando una persona intenta controlar a otra. La base de estas técnicas puede usarse fuera de las relaciones personales. Se puede aplicar a los negocios, algunas de las cuales han sido discutidas aquí, que pueden ayudar a una persona a conseguir lo que quiere en un entorno profesional.

Como otras formas de persuasión, la seducción empieza despacio forjando una familiaridad con el objetivo. A diferencia de otras formas, la seducción puede ser un proceso largo e interminable con muchas idas y venidas. Las consecuencias para aquellos que caen en esta red son probablemente muy dolorosas y causan angustia emocional.

Capítulo 8: Lo que necesita entender sobre la conducta humana y la psicología oscura

Algunos psicólogos creen que todo el mundo tiene la capacidad de acceder al lado oscuro de su personalidad, el lado que opera sin estándares morales o éticos y toma decisiones no según la razón sino por satisfacción y beneficio personal, o placer entre otras razones menos nobles. La mayoría de las personas controlan estas tendencias, otros deciden actuar.

La psicología oscura es la ciencia de la manipulación y el control mental, especialmente porque se aplica a gente que usa tácticas de persuasión, control mental, manipulación y extorsión en beneficio propio. Es el estudio de aquellos que abusan de otros, normalmente de forma malévola o, a veces, criminal.

Cuando estas se manifiestan, especialmente en aquellos para los que su lado oscuro es su lado normal, rasgos como la insensibilidad, ser muy manipulador, impulsivo y pomposo son comunes entre aquellos que operan en esta frontera. Para estos individuos, la persuasión es un medio para sus fines, y la gente incauta cae en sus trampas.

Varios individuos infames vienen a la mente cuando se habla sobre la psicología oscura.

Charles Manson es uno de esos que usaron los conceptos de manipulación para orquestar un asesinato. Está considerado un psicópata. A estos individuos a menudo se les considera encantadores, amables y con carisma. También son impulsivos, egoístas, no tienen empatía y no sienten remordimientos por sus actos.

Bernie Madoff fue condenado por una estafa para sacarle dinero a la gente. En la psicología oscura, se le clasificaría como maquiavélico, designado así por Niccolò Machiavelli, un diplomático y escritor del Renacimiento italiano nacido en 1469. Está acusado de influir la mano dura y ataques a los hugonotes en Francia por el gobierno francés. Una persona u organización que lleva la etiqueta de maquiavélica es hábil usando la manipulación para beneficios engañosos y explotadores.

Muchas estrellas del entretenimiento y deportes son de naturaleza narcisista, otra de las características de la personalidad oscura. Los narcisisitas tienen una opinión excesiva de sí mismos, se les considera fanfarrones y exigen atención. Piense en esas personas que tienen que ser el centro de atención, aquellos a los que se les puede considerar divas y aquellos que le dicen a todo el mundo lo especiales que son.

Al maquiavelismo, psicopatía y narcisismo a menudo se les refiere como la triada oscura, un término usado como una advertencia de comportamiento criminal igual que una relación problemática con otros.

Sin embargo, las tácticas usadas en la psicología oscura no se reservan solo para el elemento criminal en la sociedad. Estos métodos de manipulación también se usan para vender productos y servicios, ganar unas elecciones, conseguir estatus social e incluso por familiares para conseguir lo que quieren. La gente que se quiere sentir superior a otra, aquellos que se aprovechan de otros, aquellos que valoran ganar por encima de todo y aquellos que abusan de las emociones de la gente son ejemplos de cómo la psicología oscura se manifiesta en la vida diaria.

Un libro escrito por Robert Greene, *Las 48 leyes del poder*, sirve como una especie de manual técnico sobre las técnicas de manipulación usadas en la psicología oscura. Identificó formas en las que la gente puede manipular a otros para conseguir poder. Estas formas son perturbadoras porque se mueven fuera del espectro moral. Igualmente, estas tácticas las usa gente y organizaciones para controlar y persuadir.

La primera de estas es "nunca eclipse al maestro". Conseguir que aquellos responsables se sientan superiores es una forma de manipular la situación en beneficio de la persona. Les sube la moral a aquellos que están en una posición de autoridad y alabar a alguien es una forma de llamar su atención.

Otra de las leyes de Greene es no confiar demasiado en sus amigos, especialmente en el lugar de trabajo, y aprender a usar a sus enemigos. Los amigos no serán tan leales como un enemigo, que tiene mucho que demostrar, según Greene. Aconseja considerar quién puede servirle mejor a sus intereses para conseguir sus metas y no dejar que la lealtad o amistad nublen su decisión.

Para manipular y obtener poder sobre otros, un manipulador debería confundir, distraer y retener información conocida por este. La idea es asegurarse de que la gente no sepa con seguridad lo que usted sabe o lo que puede hacer. Una vez se conocen sus aspiraciones, la gente pierde el poder sobre otros. Han descubierto su tapadera. En esta misma línea está el consejo de decir menos de lo necesario. No les dé a otros la información que necesita para alcanzar sus metas. Siempre practique el arte del engaño.

Otra forma en la que se usa la psicología oscura es para que los manipuladores protejan su reputación, pero intentarán usar las transgresiones de otros contra ellos. Anticipar ataques potenciales contra su credibilidad es primero y sobre todo la forma de proteger su reputación, y, por tanto, su prestigio en los ojos de otros. Sea escrupuloso a la hora de destapar los tropiezos de sus enemigos y deje que la opinión pública desmantele su reputación.

Cuando vaya a por un rival o enemigo, asegúrese de aniquilar su reputación y estatus. Siga presionándoles para erosionar su confianza, espíritu, salud y bienestar. Alguien que está completamente devastado tendrá menos oportunidades de obstaculizarle en el futuro.

La atención siempre debería concentrarse en usted. No se pierda entre la muchedumbre. No se funda. Llame la atención, pero no desvele demasiada información sobre usted de golpe. Aprenda cuándo desaparecer de la vida de una persona, grupo u organización. El dicho *la ausencia hace crecer el cariño* es apropiado para esta táctica de la psicología oscura. Asegure su presencia en el grupo o persona amada y después desaparezca del mapa por un tiempo. Será de nuevo el centro de interés y el foco de la discusión. Igual que la escasez puede subir el valor y necesidad de un artículo, lo mismo se puede conseguir con usted.

La gente gravitará hacia la persona que se lleva la atención, lo que aumenta su prestigio. Haga que la gente acuda a usted para obtener consejo, ayuda, información o cualquier otra razón que le convierta en la autoridad. Al forzar a otros a actuar, o seduciendo a sus enemigos para que le busquen, usted tiene el control. Ponga a la gente en terrenos no familiares para ejercer su influencia sobre ellos.

Use a otra gente para completar el trabajo que se le ha asignado y después llévese el mérito por un trabajo bien hecho. Al hacer esto, usted consigue reconocimiento sin tener que hacer el trabajo. No apele a su misericordia para conseguir que otros hagan su trabajo. Apele siempre a su propio interés.

Dé otras opciones, pero asegúrese de que estas son las que usted quiere que escojan.

Por ejemplo, tienen la opción de darles más autoridad o intentar alcanzar sus metas sin usted. Asegúrese de tener el poder sin importar la situación, pero hágales creer que tienen elección. Si dudan, aumente los términos del acuerdo. Cada día perdido significa más dinero que pagar o concesiones que hacer.

Si comete un error, no lo admita. Culpe a otro por ello. Evite reproches, oculte su error y no aparente que deja que le molesta un error.

Consiga que la gente dependa de usted, haga su presencia en sus vidas incalculable, y sea la razón de su felicidad. Esto asegura su independencia y libertad para hacer lo que quiera.

Siga concentrado en sus intereses y metas y rechace la presión a comprometerse con una persona o causa. Al mantener su independencia, la gente le perseguirá y manipulará a otros para conseguir que se comprometa con ellos. Hágase el duro para aumentar el respeto.

No le desvele a nadie los trucos que usa para conseguir el éxito. Aparente que su éxito está chupado, como si fuese muy fácil conseguirlo sin el mayor problema. Debería parecer natural y que no hay nada de trabajo duro implicado en este éxito.

Evite a gente infeliz o aquellos desafortunados. No deje que las emociones de otros nublen su juicio. Siga desconectado de todo aquel que no pueda contribuir a su estatus de poder. No se cierre en banda de aquellos que pueden amenazar su posición en el poder. Es mejor estar ahí fuera recogiendo información que ser vulnerable a lo desconocido.

Genere un grupo de personas que crean en usted utilizando características de las sectas. Sea vago sobre quién es usted, pero deles algo en lo que creer. Use palabras y acciones imprecisas, pero genere emociones vinculadas a los deseos de las personas para creer y tener fe. Vaya con emoción y apoyo en vez de racionalizaciones. Tenga rituales y requiera sacrificios. Juegue con los escenarios de *nosotros contra ellos*.

Arrastre a gente a su poder demoliéndoles. Trabaje con sus rasgos de personalidad, miedos y debilidades para tenerles bajo control. Use la dulzura para evitar su resentimiento y odio, pero continúe socavándoles hasta que se conviertan en simpatizantes y estén dispuestos a hacer lo que quiere que hagan.

Preséntese de la forma en la que quiera que le traten, igual que hace la realeza cuando entra en una sala o el ponente principal cuando le llaman al escenario en una conferencia. Hágase destacar de forma positiva. Actúe con confianza, respétese y cree la ilusión de su grandeza. Admita pequeños defectos. No intente parecer perfecto. Comparta pensamientos y defectos para que le vean accesible.

Juegue con la percepción que cada persona tiene de sí mismo. Ayúdeles a encontrar alguien o algo que culpar. Explotar las fantasías de la víctima aumenta su poder sobre ellos y su habilidad para controlar lo que dicen y hacen.

Encuentre sus debilidades y explótelas. Inseguridad, emociones que están fuera de control, o un vicio que se mantiene en secreto son las comunes. Preste atención a lo que dicen, cómo actúan en varias situaciones, y las cosas que comparten con usted. Indague en su pasado para ir derecho a las señales que puedan conducirle hasta estas debilidades. Si no pueden controlar sus emociones, use esto en su beneficio. Si se entregan a vicios o placeres culpables, encuentre formas de exponer sus vulnerabilidades.

Use la honestidad de forma selectiva y como medio para desarmar a otros de sus percepciones de usted. Un acto desinteresado ocasional supera cualquier acto cruel que haya podido cometer antes. Desequilibra a la gente y les hace cuestionarse la opinión que tienen de usted. Cuando bajan la guardia, puede entonces presentarse como un amigo, pero úselos para obtener información o poder.

Sea impredecible cuando pueda aprovecharse de ello. Usted no quiere que otros reconozcan patrones de comportamiento. Esto protege su control y su poder. Mantener a la gente dudando y esforzándose por conseguir una explicación les debilita y les hace más susceptibles a sus sugerencias y exigencias.

Cree el personaje que quiere ser. No deje que las opiniones de otros determinen cuál debería ser su rol. Reclame su poder y aspire a perfeccionar este personaje. Recuerde apreciar sus acciones y cómo se presenta como parte de la estratagema general, igual que un actor interpretando un papel. Acoja e incorpore los aspectos de poder en sus habilidades sociales y relaciones interpersonales.

Si no puede ganar, ríndase. La decisión de retirarse es inquietante para su oponente. La naturaleza humana invita a responder un acto de agresión con otro acto de agresión. Escoger rendirse o pasar página le da tiempo para tomar represalias más tarde, y con mucha más fuerza.

La imitación puede ser una forma de adulación, pero para una persona que está buscando control o poder, es exasperante. Use esta táctica para desquiciar a sus enemigos y que reaccionen exageradamente. También puede convencerles de que tienen los mismos valores, lo que hace que bajen la guardia y lo cual abre la puerta a sus intentos de manipulación.

Use tácticas para meter cizaña sin tener que ser absorbido al drama. No muestre ira o emoción y en cambio irrite a sus enemigos. Deje que sus emociones se apoderen de ellos para que ellos mismos dañen su imagen.

Cuando pase a la acción, hágalo con valentía. Consiga que otros crean que usted confía en sus decisiones y no dude una vez se haya involucrado en la acción o mentira. Deje que su valentía continúe distrayendo. Dese cuenta de que un objetivo mayor conlleva una recompensa mayor para usted.

Vuélvase un experto en escoger a sus víctimas. No todo el mundo reaccionará de la misma manera. Aprenda sus patrones de comportamiento y modifique sus enfoques. Tenga cuidado de no ofender a la persona equivocada, aquella que pueda ayudarle a conseguir el poder que usted anhela. Infle el ego de su víctima para esconder sus intenciones y desarmar sus mecanismos de autoprotección.

No se crea los intentos de persuadirle con favores o regalos. No acepte regalos para evitar la necesidad de expresar gratitud. Sea generoso para alcanzar el poder y saque provecho de los sentimientos de gratitud y obligación de otros.

Puede que la paciencia sea una virtud, pero también es una herramienta para planificar sus acciones. Tómese su tiempo para establecerse en el juego, espere al momento adecuado para actuar, y recoja información pacientemente para conseguir una ventaja.

Introduzca cambios despacio. Siempre haga que parezca que es una mejora o que beneficia a otros de alguna manera. Indique que respeta las formas tradicionales e introduzca cambios poco a poco.

Establezca como objetivo a aquellos que pueden estar influyendo a otros en contra de sus metas. Líbrese de la oposición, y aquellos que están en ese lado no tendrán sitio al que ir. Identifique a los alborotadores, por ejemplo, aquellos que están tristes, insatisfechos o a disgusto. No deje que su descontento afecte a los otros. Advierta a otros de quién es el problema y deje que otros se encarguen de deshacerse del problema.

Aprenda a jugar al juego. Halague de vez en cuando para que parezca sincero. Cambie su mensaje y lenguaje según la persona con la que está lidiando en ese momento. Busque el foco de atención. No comparta información negativa. Despreocúpese del tema entre manos. No trate de obtener favores de su jefe. Mantenga sus emociones bajo control y actúe con restricciones en grupo.

Bajo ninguna circunstancia, comparta sus pensamientos sobre sus metas o sus planes para alcanzarlas. Sea complaciente. Reafirme sus opiniones e intégrese con los demás cuando sea necesario. No deje que la gente piense que usted necesita su atención o que usted es superior a ellos. Piénselo, pero no lo revele.

Si algo está fuera de su alcance o influencia, ignórelo. Si algo le irrita, ignórelo. Si alguien intenta usurpar su autoridad, ignórelo. Cuando ignora algo o a alguien, trivializa su importancia. La gente no protege lo que es trivial, de manera que abre la puerta para conseguir lo que usted quiere.

Haga que cada acción sea impresionante. Cuanto más extravagante, mejor; cuanto más sensacional, más poder conseguirá. Asegúrese de que lo que exhibe asombra a todos alrededor y mejora su posición en el círculo.

Asegúrese de que sigue planeando su estratagema hasta el final, y ahí es cuando gana. Use planes a largo plazo para mantener el objetivo en mente y crear los escenarios que le posicionarán más cerca del final. Recuerde ser estratégico y planificar cada paso. Planificar le da confianza y evita que le pillen por sorpresa. Considere los "y si" y adáptese como corresponde.

Planifique un rumbo original, no uno que alguien más haya intentado. Es difícil conseguir respeto cuando simplemente repite lo que otros han hecho. Encuentre su propio camino y cambie el foco hacia usted y no su predecesor.

No comparta el plan con nadie. No divulgue sus metas o motivos que está usando para llegar al final. Sea flexible y cambie de dirección cuando lo necesite. Siga avanzando hacia su meta de formas impredecibles.

Cuando alcance la meta que se marca, esté preparado para parar. Continuar presionando puede crear descontento. Acepte la victoria.

Muchas de estas leyes de poder probablemente ya hayan sido usadas en cierta medida por todo el mundo. Puede que incluso usted se haya reconocido o a otra persona cuando estas se explicaban.

¿Alguna vez le ha hecho un cumplido a alguien, comprado un regalo, o hecho una tarea especial para que acepten su petición? Eso se identifica como inundación de amor. ¿Alguna vez ha dicho una falsedad, una pequeña mentira piadosa o incluso una mentira para salir del paso? ¿Alguna vez ha pasado de alguien que le importaba como castigo por algo que dijeron o hicieron? Eso es negación de amor. ¿Y retirarle la palabra a alguien? Eso es retirar. ¿Alguna vez ha ofrecido opciones a alguien, pero solo ha presentado las mejores para usted? Eso es restricción de elecciones. ¿Alguna vez ha usado psicología inversa?

Todas estas son formas comunes de influir a otros usando elementos de la psicología oscura.

Mientras que muchas de las tácticas de atracción de poder identificadas por Greene ocurren por interacciones rutinarias en situaciones sociales o de negocios, el mundo online es un campo de batalla. Los cibercriminales usan estas tácticas para conseguir lo que quieren: acceso a información personal para cometer suplantación de identidad o robar dinero y afecto de gente vulnerable y solitaria. Los ciberterroristas y aquellos con agenda política también ganan cuando usan estas metodologías para conseguir controlar, explotar, acosar y manipular a sus víctimas.

Entender las maneras en las que la gente consigue poder y aceptación le pone en control cuando la psicología oscura está siendo usada contra usted o para evitar que use estas técnicas contra otros. Para protegerse y evitar que sus esfuerzos de persuasión se pasen de la raya, evalúe la situación y la persona y determine cuál será el beneficio y cuál es su meta en esta situación. Determine si las tácticas que está usando le hacen sentir bien, honestamente y sin culpabilidad. Cuestione si habrá beneficios a largo plazo como resultado de esta interacción. Determine si hay otras formas de conseguir el resultado que necesita sin comprometer su ética.

Capítulo 9: Técnicas poderosas de PNL que pueden usarse para fines manipuladores

La programación neurolingüística, conocida como PNL, es una práctica de manipulación que usa la comunicación verbal y escrita para influir en la toma de decisiones de una persona. Teniendo en cuenta los componentes del nombre de la terapia, es una forma de comunicar con la mente. Considerada como algo similar a la hipnosis, los significados y direcciones se introducen por niveles en el discurso para que la mente inconsciente los capte.

Es muy fácil malinterpretar conversaciones que ocurren entre dos personas que hablan el mismo idioma. Es más difícil si uno habla con fluidez un idioma y la otra habla con fluidez otro idioma. Lo mismo pasa cuando la parte del cerebro de toma de decisiones se comunica con la parte que regula las emociones y la zona donde se almacenan los recuerdos. Todas estas áreas del cerebro tienen información que se usa para tomar decisiones. Conseguir que las tres áreas del cerebro hablen el mismo idioma puede ser difícil. La PNL dice tener la respuesta.

La popularidad de la PNL fue formulada en los años 70 y ganó popularidad en los 80. Fue adoptada en las prácticas de psicoterapeutas y respaldada por famosos del momento. Todavía se usa hoy en día y ha sido investigada dentro de la comunidad de la PNL, pero la comunidad médica no ha respaldado su uso como terapia. Se usa para tratar fobias y desórdenes de ansiedad, al igual que constituye un método para abordar asuntos relacionados con el trabajo y problemas personales que afectan la salud, la felicidad y el bienestar. Ha habido algún uso de esta técnica para tratar el estrés post-traumático.

La PNL reclama que el usuario puede usar las técnicas para controlar emociones y pensamientos para conseguir la acción deseada. Cómo elige una persona responder a una situación sale de un diálogo interno de las emociones relacionado con la acción y pensamientos propuestos que pueden ser provocados por estar en una situación similar. Si tomar decisiones sobre elecciones de comida saludable es difícil para alguien, la PNL puede cambiar la forma en la que los pensamientos y emociones se comunican con la mente. Si las adicciones son un problema que afecta la habilidad de un individuo para vivir su vida al máximo, la PNL crea una estructura de comunicación que permite mejores elecciones.

Según los profesionales de la PNL, la mente consciente expone lo que quiere conseguir, como tomar mejores decisiones sobre comida, tener más confianza o dejar una adicción. La gente tiene una idea clara de lo que quieren conseguir, al igual que los pasos que tienen que dar para llegar hasta ahí. Esos pasos normalmente son una serie de decisiones que se requieren para progresar hasta alcanzar el objetivo.

Mientras que puede que todo esto esté claro para el individuo, el subconsciente no está transcribiendo el plan tal como la mente consciente lo dicta. En cambio, las emociones salen a la superficie relacionadas con los pasos necesarios, y los recuerdos y pensamientos almacenados dentro también saldrán a la superficie. El camino evidente que la mente consciente ha mapeado ahora está lleno de curvas y giros y callejones sin salida, gracias a la información enterrada en el subconsciente.

Para compensar esto, el individuo usa la PNL para crear los mecanismos de traducción que ignorarán las emociones y recuerdos que le desvían del plan. Implanta sugestiones que desplazan los elementos negativos del subconsciente relacionados con el problema y usa la dirección sustituida.

La PNL es una técnica que usa observaciones de las respuestas fisiológicas del cuerpo y del lenguaje usado para determinar cómo alterar la reacción del cerebro. Se puede hacer en una sesión bidireccional, pero las técnicas son lo suficientemente simples para que las use un individuo. Requiere aptitudes de observación excelentes y la habilidad de interpretar cambios, como movimiento ocular o patrones del habla.

Los profesionales de la PNL se concentran intensamente en la persona con la que están trabajando. El propósito de esta atención es descubrir pistas sobre cómo reacciona la persona. El profesional nota los movimientos oculares y la dilatación de las pupilas, movimientos nerviosos, y piel sonrojada y lo analiza para proporcionar información detallada sobre cómo responde el cerebro de una persona. De estas señales no verbales, el profesional determina si la persona usa su cerebro izquierdo o derecho más a menudo, cuál de sus cinco sentidos usa más y cómo almacena y usa información su cerebro y las señales que indican falsedad.

Los profesionales de la PNL tienen tanta práctica analizando estos sutiles cambios en el cuerpo que, en unos pocos minutos, pueden decir mucho sobre una persona simplemente por cómo mueve los ojos. Estas observaciones pueden decir cuando alguien está diciendo la verdad, se está inventando cosas y cómo procesa información esa persona. Armado con esta información, el profesional puede predecir cuál será la respuesta a sus preguntas.

Usando esta información, el profesional empieza a imitar las expresiones de la persona, movimientos corporales y patrones del habla. Este procedimiento está diseñado para que la persona sea más receptiva a las sugestiones y establecer puntos en común. Esto es importante para forjar una relación en la que la persona considera al profesional igual que ellos, estableciendo una conexión socialmente, lo que hace a la persona más abierta.

Formula cuidadosamente preguntas y declaraciones para responder al subconsciente de las personas. Saber cuál de los cinco sentidos usa más la persona permite al profesional usar frases que se refieran a este sentido, provocando su subconsciente para procesar la información o sugerencia.

Por ejemplo, alguien que favorece las referencias visuales responderá mejor a preguntas relacionadas con la visión. "¿Ve a lo que me refiero?", por ejemplo. Aquellos que responden más a apuntes relacionados con la audición se les darán preferiblemente frases como "le estoy escuchando atentamente".

Desde aquí, la manipulación empieza con el profesional cambiando cómo se presenta la información o se hacen preguntas. La persona empezará a seguir con el ejemplo del profesional y ajustar sus movimientos corporales y patrones de habla para imitarle. Al moverse en la dirección que el profesional quiere que vaya, es probable que la persona le siga, siempre y cuando no sea inapropiado. Parece que pasa de forma natural, pero las sugestiones están siendo controladas por el profesional.

Esto lo hace más fácil para el subconsciente al igual que la mente consciente para aceptar las sugestiones en vez de poner un muro. Estas sugestiones pueden realizarse para animar a comprar bienes o servicios, motivar a otros a donar a una organización caritativa, o tomar una decisión que se había dejado en segundo plano. Es una forma de traer cosas a la primera línea del proceso de pensamiento, incluso si esos pensamientos pueden ser considerados como inapropiados.

Una vez se haya implantado la sugestión, el siguiente paso supone asociarlo con una emoción, como la felicidad. A este paso se le llama suscitar. A esto le sigue el anclaje, donde se da una señal física para asociar con esa emoción. El objetivo es que cuando se experimente esa señal física, la persona sentirá la misma emoción que la primera vez.

Otras técnicas usadas por profesionales incluyen establecer el patrón del chasquido, que se explica como un cambio en el patrón del comportamiento de un resultado indeseado a uno deseado. Otra técnica se llama disociación visual o kinestésica. En esta técnica, los pensamientos y sentimientos negativos asociados con un evento pasado se eliminan del subconsciente a través de la PNL.

Usted puede controlar la influencia de alguien usando PNL en usted simplemente buscando las señas de esta técnica. ¿Está esa persona sentada en la silla de la misma manera que usted? ¿Se toca la frente cuando usted lo hace? Si usted mueve la mano, ¿hacen lo mismo?

Frustre los intentos de otros de observar cómo funciona su cerebro exagerando sus movimientos oculares y haciendo esfuerzos conscientes de mirar en direcciones diferentes. Mirar arriba, abajo, o a los lados de forma aleatoria confunde las observaciones. Todo intento debería realizarse para que parezca natural.

No le dé la oportunidad a alguien de anclar una emoción en usted. Esto es crítico si está experimentando emociones fuertes, como soledad o necedad. Una vez se haya provocado la emoción, el contacto físico en una parte de su cuerpo, como su mano o antebrazo asocia el contacto con la emoción. Para sacar de usted esa emoción de nuevo, el profesional simplemente necesita tocarle en el mismo punto.

Un ejemplo de cómo se puede usar esto es suscitar la emoción de felicidad y anclarla a un toque en el hombro derecho. La próxima vez que el manipulador le vea, simplemente intentará tocar su hombro, y usted responderá con el sentimiento de felicidad apropiado. Cuando está feliz, puede que esté más dispuesto a comprar algo. Por otro lado, si ha suscitado y anclado tristeza, puede que le convenzan para tomar una decisión que usted crea que le va a hacer feliz. La gente toma decisiones basadas en su estado de ánimo y emociones todo el tiempo.

También debe buscar señales en el lenguaje.

La PNL usa lenguaje no amenazador o fácilmente ignorado. Se puede usar una palabra difusa para sumir a alguien en un estado pseudohipnótico al igual que sacarle de un trance. Cuanto más ambiguo sea el significado, mejor. Palabras como cambio, por ejemplo, pueden recibir nuevos significados cuando se usan como parte de una terapia de PNL.

El lenguaje puede incluir también frases que parece que dan permiso para hacer algo. Darle permiso a alguien para hacer algo es una forma eficaz para que obedezcan. Piense en un vendedor de coches que le dice que está permitido sacar el coche para probarlo. Sospeche de cualquier declaración que parezca darle rienda suelta para disfrutar o experimentar algo.

Los profesionales también usan lenguaje que pueda sonar confuso en un intento de ganar acceso a su subconsciente. Puede incluir imágenes vívidas y frases inconexas y aparentemente sin relación. Pregunte qué significan. Consiga que le expliquen lo que quieren que haga sin usar frases vagas o jerga psicológica.

Escuche atentamente a las declaraciones realizadas por los profesionales de la PNL. A menudo se incluyen palabras extra que contienen mensajes para el subconsciente. Planteado de forma que no sea siempre obvio para la persona, una o varias palabras pueden demostrar un motivo oculto. El profesional no tiene la intención de que su mente consciente se dé cuenta de estas sugerencias subliminales, de hecho, cuentan con la forma en la que funciona el cerebro para que automáticamente pase por alto las palabras añadidas. La mente subconsciente, sin embargo, escuchará todas las palabras según se dicen. ¿Alguna vez ha leído un párrafo y se ha saltado palabras? Cuando vuelve a leerlo, las palabras son obvias para usted. Esto pasa a menudo cuando está editando un documento que escribió. Sabe cómo se debe leer, de manera que, si faltan palabras o hay de más, su mente lo corrige.

Siga en el presente. Los profesionales de la PNL verán la falta de atención como una entrada a su subconsciente. Si no presta atención a lo que están haciendo y diciendo, no será capaz de resistirse a sus sugestiones subconscientes. Seguir atento y no bajar la guardia son las mejores formas de bloquear una sugestión no deseada.

Niéguese a tomar una decisión si se siente presionado para hacerlo. Dese tiempo para revisar la información y tomar una decisión al día siguiente o incluso más tarde, si fuera necesario. Las técnicas de PNL funcionan de forma muy eficaz en compras impulsivas debido al elemento emocional que usan estas técnicas.

Algunos usuarios de la PNL pueden crear cambios a largo plazo en sus procesos de pensamientos versus acciones, pero para hacer esto pueden ser necesarias múltiples programaciones. La raíz del problema tiene que ser identificada, igual que cualquiera de los recuerdos, experiencias o estímulos que provocan que el problema resurja. La mayoría de las personas que usan esta técnica declaran una mejoría a corto plazo.

Entender lo básico de la PNL puede ser útil para determinar la conexión consciente-subconsciente que le ocurre a alguien al que está intentando influir. De hecho, otros métodos de control mental dependen de observar el lenguaje corporal, movimientos oculares y otros cambios para determinar el estado de ánimo y si alguien es receptivo a los intereses del manipulador o no.

Otra de las técnicas de la PNL que es parte de otros métodos de persuasión es la imitación corporal. Cuando alguien imita la forma en la que la otra persona se sienta, mueve las manos u otros gestos físicos, establece una conexión. Esa conexión comunica un punto en común entre ambas personas. Para establecer la conexión necesaria para empezar el proceso de persuasión, encontrar similitudes es clave. Cuando una persona actúa como usted, el subconsciente toma nota y reconoce cosas en común.

Para asegurar una buena manipulación de la toma de decisión de una persona, use las herramientas que tenga disponibles. Variar su estrategia es una forma inteligente de abordar las diferencias entre un objetivo y otro. No todo el mundo responde a las mismas técnicas y, cuanto más sepa, más eficaz será.

Capítulo 10: Técnicas muy eficaces de control mental

Un término que viene a la mente cuando se discute el control mental es *lavar el cerebro*. La definición de este término es adoctrinamiento forzado para inducir a alguien a abandonar sus creencias y actitudes políticas, sociales o religiosas básicas y aceptar ideas reglamentadas contrarias. Está más asociado con el uso militar y el adoctrinamiento en sectas.

Lavar el cerebro, como otras técnicas de manipulación mental, usa conocimientos psicológicos para jugar con la mente humana. Esto pasa con alguna forma de extorsión, ya sea directa o indirectamente. Por ejemplo, la amenaza de torturar a prisioneros de guerra era una táctica que desgastaba la fuerza y resistencia del cuerpo y la mente. Sin embargo, la coacción se puede manifestar de forma sutil, según el manipulador va adentrándose en la psique de la víctima.

Las técnicas de control mental ocurren a su alrededor todos los días. El colegio, su lugar de trabajo, su grupo de iguales, el ejército y las religiones, todos usan alguna forma de manipulación para conseguir cohesión. La publicidad utiliza estas técnicas para aumentar las ventas, los expertos políticos las utilizan para conseguir votos y los gobiernos las usan para controlar a sus ciudadanos. Algunas de las razones para usar el control mental son de naturaleza ética, simplemente usando conocimientos psicológicos para motivar el comportamiento humano en una dirección positiva. Otras razones son retorcidas y negativas, con el objetivo de controlar las acciones de otros por beneficio personal o placer.

Es un proceso utilizado por sectas y cultos religiosos con el propósito de atraer a nuevos miembros, retener seguidores y mantener el control. A diferencia de los prisioneros de guerra que están sometidos a intensos métodos de control mental, la mayoría de estas técnicas son dirigidas por alguien que la víctima conoce y en la que confía. Puede ser un miembro de la familia que se ha unido a un grupo religioso, un líder espiritual que está buscando poder y dominación, o cualquier persona que quiere controlar las decisiones que tomará otra persona.

Un ejemplo de control mental que es una preocupación actual es el uso de estas técnicas por grupos extremistas, como ISIS o la hermandad de Aryan. Los puntos de vista extremos de organizaciones como estas y otras organizaciones consideradas como terroristas deberían ser una señal de advertencia para víctimas ignorantes, pero la conversión a su forma de pensar no ocurre de golpe.

A diferencia de lavar el cerebro cuando una víctima es secuestrada y sometida a tortura mental y física, las técnicas de control mental usadas por ISIS funcionan bajo la ilusión de que el objetivo tenía elección. Racionalmente, ese no es el caso, pero el adoctrinamiento gradual a la causa proporciona esa percepción. El objetivo inicial es calentar a la víctima y darle la sensación de pertenencia a un grupo que le dice a la víctima que la entienden.

Una vez la víctima está lo suficientemente inmersa en la retórica, el control se vuelve más serio con amenazas de daño y violencia física dirigida a los reclutas o sus familias.

Según un experto que experimentó control mental como parte de una secta, a la gente a la que se está reclutando se les vende una ilusión. A veces, esa ilusión es arreglar los problemas más devastadores del mundo, como la pobreza, el hambre, o acabar con la guerra. Otros extremistas encuentran otras causas nobles para decir que están trabajando en ello, incluida la iluminación religiosa.

Usar métodos como aislar al recluta de su familia o amigos, y someterle a propaganda y promesas de realización, provoca que el sentido básico de realidad del recluta se altere. El recluta piensa, reacciona y se comporta como los otros miembros del grupo. Alguien que puede que nunca haya pensado en cometer un acto violento antes del adoctrinamiento ahora celebra la violencia de la que participa. Según un exmiembro de una secta, en este punto, el recluta ha separado la realidad de la fantasía que le han cebado los extremistas. En vez de verse a sí mismos dañando a una persona, ven a esa persona como el diablo u otro enemigo.

Las organizaciones de supremacía blanca operan de forma similar. Dominados por el miedo de que las minorías les roben sus estatus en la sociedad, buscan a aquellos que tienen las mismas creencias. Lo ven como supervivencia, parecido a la perspectiva extremista de ISIS, que defiende una mentalidad de "nosotros contra ellos". Su arenga de reclutamiento es el victimismo, que apela a miembros potenciales con los mismos miedos y aquellos que son atraídos a la causa.

La clave para reclutar con éxito para organizaciones extremistas es encontrar la víctima adecuada y emparejarla con el manipulador adecuado. Cualquiera que sea el reclamo del reclutamiento, ya sea curiosidad, recomendación de un amigo o apelar a un miedo irracional o necesidad de venganza, una vez se identifica al recluta, el proceso comienza.

A la gente se la engaña para que confíen y pongan su bienestar mental bajo el control de alguien cuyos motivos pueden ser sospechosos, aunque no se asocie el control mental con un grupo extremista. Estos métodos de control mental están en práctica de una multitud de formas.

Métodos simples para conseguir que alguien diga sí a una nueva casa o comprar un par de zapatos de diseño no son necesariamente un problema para la mayoría de la gente. Cuando el control mental va más allá de una simple venta o acuerdo, puede ser perjudicial para la víctima.

Algunos individuos peligrosos usan el control mental en víctimas potenciales. Criminales, como los psicópatas, son hábiles manipulando. Sin embargo, muchos de los que abusan de otros están mucho más cerca de lo que podría pensar, como una pareja controladora, un cónyuge celoso o alguien que es verbalmente abusivo o incluso un jefe duro y estricto.

El control mental altera la identidad fundamental de una persona, cambiando y alterando sus creencias, valores, preferencias y otros elementos que forman su persona. Permite a un individuo o grupo afectar su proceso de toma de decisiones. Puede ser terapéutico cuando se usa en recuperación de adicciones y otras condiciones psicológicas. Pero también puede ser peligroso cuando se usa para trastocar la moralidad y ética de la persona que es manipulada.

El proceso para alterar la forma en la que alguien piensa o reacciona a menudo se hace furtivamente, sin el consentimiento o conocimiento de la persona. Lleva tiempo y puede implicar varias técnicas. Es una serie de cambios pequeños, y la víctima a menudo está convencida de que los cambios están pasando debido a sus propias decisiones. A veces el manipulador es un amigo o miembro familiar, o puede ser alguien que la víctima no conoce.

La hipnosis es una técnica usada para cambiar el comportamiento. Con una terapia establecida, mucha gente la usa para cambiar su comportamiento, como dejar de fumar o perder peso. Bajo la hipnosis, se le dice a la persona que se relaje hasta un estado en el que se pueden implementar sugestiones para cambiar las decisiones que toman que están alterando sus vidas. Parecido a la meditación, el estado de relajación puede ser conseguido con música repetitiva, inflexiones de voz, patrones de habla y factores medioambientales como rayos o temperatura ambiente.

El control mental también pasa como respuesta a la presión social. Ser parte de un grupo afecta a la apariencia exterior, como lo que lleva una persona o la presencia de un tatuaje particular. También afecta a lo que podría ser considerado aceptable, juzgado por los estándares del grupo social en vez de la sociedad en general. Aquellos que sienten presión de sus iguales pueden actuar de formas que van en contra de sus creencias fundamentales, simplemente porque el impulso de pertenecer a un grupo supera su conciencia.

La mentalidad de rebaño es una reacción similar a la de la presión social. En este caso, sin embargo, se trata menos sobre ser parte de un grupo con demografía similar, y más con seguir a los demás.

La manipulación de la mente puede suponer uno o más métodos y, dependiendo del objetivo final para el manipulador, puede tener una conexión emocional profunda entre ambas partes. El proceso implica descubrir lo que quiere la víctima y usarlo para obtener el control.

Por ejemplo, el *love bombing* es un término que se refiere a infundir un sentimiento de familia a través del contacto físico, un vínculo emocional y compartir pensamientos y sentimientos. Alguien que anhela una conexión familiar fuerte se sentirá atraído por alguien que promete esto, y el reclamo de esto es la forma de señalar a la víctima.

Alguien que está sufriendo control mental puede estar sometido a varias técnicas al mismo tiempo. Puede que se les anime a rechazar valores viejos y a aceptar un nuevo sistema de creencias rechazando su espiritualidad antigua. A menudo, puede que no se les dé ninguna privacidad, que se les despoje de su habilidad para razonar y tomar decisiones por sí solos. Otra técnica puede ser aislar a la persona, a menudo de amigos o familia o cualquier interacción con otra persona. Los sentimientos de soledad y la necesidad de contacto humano pueden cambiar la dinámica entre una víctima y su manipulador.

El respeto estricto de las reglas y una forma de vivir determinada también es un método para controlar a un individuo. Al concentrarse en ajustarse a las normas, la elección individual está fuera del mapa. En cambio, lo que es bueno para todos es bueno para uno. La forma en la que estos controles se implementan incluye forzar reglas inquebrantables, como cuándo comer, rezar y dormir, requerir unas normas de etiqueta, corear o cantar de modo uniforme como mandan los líderes, y controlar a través de la culpa o el miedo.

A veces los métodos de control físico se ponen en práctica para que la gente cumpla las normas. El abuso verbal y físico son ejemplos de esta práctica. La falta de sueño y forzar la fatiga mental y física resulta en confusión y aumento de vulnerabilidad. La inanición o cambios en la dieta pueden alterar el cuerpo, debilitar la fortaleza física y mental y aumentar la reacción emocional de la persona. También se pueden utilizar las drogas para conseguir que se cumplan y acepten las reglas que el manipulador quiere.

Con estos métodos más drásticos de control mental, el propósito es romper la fortaleza mental de la víctima dejándole más propenso a sugestiones o control. Este colapso nervioso puede llevar a la reeducación, donde a la víctima se le prepara para ser parte de un grupo.

La repetición es un ejemplo. Esto supone revisar información hasta que la víctima se lo sabe de memoria y puede recitarlo. Esto se puede ver en sectas y grupos religiosos. Mantener a las víctimas involucradas y activas en el grupo evita que la persona sea capaz de renovar su decisión. Funciona de forma similar a negarle a alguien su privacidad. Asegurándose de que la víctima se siente humillada y avergonzada sobre sus decisiones y estilo de vida pasada también son una parte importante de reentrenar a un individuo para ser parte del grupo.

Sin embargo, las sectas y otros grupos no son los únicos manipuladores que usan técnicas de control mental. Todo el mundo puede ser víctima de criminales y depredadores. En vez de evocar un cambio de estilo de vida o una alteración del sistema de creencias, los depredadores buscan controlar a su víctima ganando su confianza y manipulando cómo se siente la víctima. Los predadores buscan víctimas que sean vulnerables de alguna forma, como estando distraídas, sintiéndose solas o afligidas por una pérdida. Una persona con baja autoestima, alguien que ha vivido una vida recluida, alguien que es pasivo, y alguien que es fácil de complacer, son candidatos ideales para un predador.

Un depredador elige sus acciones con cuidado. El propósito es mantener a la víctima confundida e interesada. Mentir, esconder detalles de la vida secreta del depredador, y sufrir frecuentes cambios de humor está todo diseñado para crear incertidumbre en la víctima.

Un manipulador predatorio concederá muestras de amor y después, de repente, romperá la relación. Se quejarán de la víctima, gritarán, la ignorarán, o abusarán de la víctima física o mentalmente.

El depredador negará todo de lo que les acuse, igual que invertir la realidad para hacer que ellos parezcan las víctimas y que están siendo acusados falsamente. Le quitarán importancia a lo que hacen y culparán a la víctima por reaccionar de forma exagerada. A veces el depredador buscará compasión pretendiendo ser la víctima o acusará de forma agresiva a la víctima de la ofensa. Dar regalos, alabar a la víctima y poner en marcha su encanto son todo formas en las que el depredador mantiene a la víctima vulnerable.

Una víctima nunca sabrá por completo dónde encaja en el mundo del depredador. Criticar abiertamente a la víctima en frente de otros y hacer que la otra persona se sienta culpable se usan para erosionar la autoestima de la víctima.

Aunque los depredadores no lo usan a menudo, la culpa puede ser una forma poderosa de controlar, no solo el proceso de pensamiento de alguien, sino también sus acciones. La culpa, que viene de quebrantar la ley o vergüenza originada por romper las tradiciones sociales, son formas muy poderosas de influir.

La culpa es una emoción que resulta cuando una persona hace algo que sabe que no debería hacer, como mentir a un jefe sobre estar enfermo, abortar en contra de los valores de su familia o llevarse una joya de una tienda sin pagarla.

Los sentimientos de culpabilidad son un resultado de la disonancia cognitiva. Este es un término usado en la teoría de la comunicación persuasiva que indica una desconexión entre el sentido de lo correcto y lo incorrecto de una persona y de la acción que se realizó. Según la teoría, el cerebro anhela una consistencia de pensamiento y acción. La disonancia es una falta de armonía o un choque entre valores opuestos.

Hay varios niveles de culpabilidad, y cuanto más seria sea la infracción, más profunda será la culpa. Cómo supera una persona la culpa es también importante porque la culpa no resuelta puede ser un problema continuo. Una persona que se siente culpable por hacer algo ilegal puede decidir no hacerlo nunca más. Pueden reparar el daño pidiendo perdón, devolviendo un artículo robado, o pagando por los daños. También pueden evitar situaciones que hacen resurgir estos sentimientos de culpabilidad.

Si alguien sabe por qué se siente culpable una persona, puede utilizar esa información para controlar lo que hacen. Piense cómo los padres usan la culpabilidad para animar a los niños bien educados. Y piense sobre cómo los niños aprenden a usar la culpabilidad para persuadir a sus padres para conseguir permiso o que acepten una petición.

El chantaje emocional se usa como una forma de control en las relaciones. A veces una persona de la pareja desviará la culpa por una acción inapropiada o violación de la confianza hacia su pareja, que ha sido dañada. Por ejemplo, cuando a una persona se la pilla siendo infiel, la pareja lo justifica sugiriendo que, si su pareja hubiese satisfecho sus necesidades, no hubiera tenido que ser infiel. Los abusadores domésticos culparán a su cónyuge por ponerles violentos.

Incluso algo tan común como la publicidad es un intento de persuadir a una persona para realizar una acción específica. Durante las campañas electorales, muchos votantes son arrastrados a la mentalidad de rebaño del partido político. El bombo sobre la siguiente mejor generación de un teléfono móvil u otro dispositivo es un elemento de control mental.

¿Cómo sabe un consumidor o votante qué mensaje es manipulador?

Una sugerencia es mirar al mensaje e identificar qué le está diciendo que haga. Decida cuál es la motivación del mensaje y qué respuesta busca el emisor. Mire mensajes opuestos, a lo mejor un competidor del primer mensaje, otro candidato al gobierno o busque una explicación objetiva del mensaje. Compare las diferentes perspectivas y decida cuál encaja más con su perspectiva, creencias y código moral.

Usar la lógica y la razón puede evitar que sucumba a mensajes manipuladores. Si compra un frasco de champú que no hace que su pelo tenga volumen y brillo como dijo el anuncio, no es tan serio como perder los ahorros de su vida porque fue engañado para confiar en alguien cuyo único objetivo era suplantar su identidad.

Capítulo 11: En resumen

Incluso con el conocimiento de una persona con información privilegiada sobre control mental y cómo funciona la persuasión, es imposible vivir la vida sin influencias de fuentes externas. La gente busca consejo de aquellos que ven como mentores, colegas, intelectuales y otros cuya opinión importa. Los consumidores quieren opciones y escuchan discursos de ventas, hablan con amigos o buscan información por su cuenta para decidir qué comprar y de qué pasar.

La persuasión puede impactar las decisiones que tomamos y pueden ayudarnos a hacer elecciones informadas, siempre y cuando seamos conscientes del poder que le damos a otros cuando aceptamos oír su discurso de ventas. Entender cómo funciona la persuasión y las formas en las que la gente busca manipular a una persona para tomar la decisión que el manipulador quiere que tomen es beneficioso para ofrecer protección frente a estas tácticas.

Ser conscientes de cómo funciona el control mental para conseguir ganancias inmorales o ilegales es crítico, dado el aumento del cibercrimen. Aquellos en la triada de la psicología oscura, psicópatas, maquiavélicos y narcisistas, usan las mismas técnicas con más intensidad. Aunque su victimización puede ser diferente, sus habilidades para manipular a otros salen de este mismo conocimiento.

La persuasión es una ciencia que tiene varias teorías para mostrar cómo funciona, por qué funciona y las mejores formas de conseguir el resultado deseado. También es una forma de arte, perfeccionado y practicado a lo largo de los siglos por filósofos, académicos, clérigos y herejes. Es una habilidad que puede marcar la diferencia entre un asociado de ventas y una superestrella de ventas. Puede ganarle respeto, o le puede costar mucho.

En los últimos años, la información considerada antes como noticia ha sido usurpada por sustitutos persuasivos y obstinados. Este tipo de fuentes de información teñidos de partidismo político, por ejemplo, son poderosos para arengar a los simpatizantes y difundir información falsa. La dependencia de la sociedad en hechos es desafiada por las pseudonoticias. Esta tendencia es una advertencia de que la persuasión y el control mental es una parte muy evidente del siglo XXI.

La persuasión es eficaz para ayudar a alcanzar metas personales y profesionales. Hay muchos ejemplos del día a día que muestran a la persuasión en acción. Por ejemplo, librarse de una multa de tráfico o convencer a la entrenadora de la liga de fútbol infantil de que Marina está lista para jugar de delantera. Usamos la persuasión cuando solicitamos un empleo, convenciendo al potencial nuevo jefe de que realmente somos fantásticos. Usamos la persuasión para negociar los términos de un préstamo o conseguir que el vendedor acepte una oferta para comprar su casa a un precio menor del que piden.

Siempre que se negocia un trato, ya sea en la sala de juntas o en la habitación de su hijo, se usan los principios de persuasión. Sin embargo, para tener el control, las técnicas usadas deben ser practicadas y perfeccionadas. Los acuerdos se deben abordar con confianza, pero sin demasiado ego. Un ego, cuando se maneja apropiadamente, es un valor que infunde confianza y seguridad en otros. La confianza es esencial cuando asume el papel del manipulador.

Algunas personas anhelan la atención y responsabilidades del liderazgo. Si esta es su aspiración, un ego bien manejado es su aliado. No solo tendrá la autoestima y confianza para aceptar una posición de liderazgo, sino que además otros identificarán ese rasgo en usted. Es mucho más fácil seguir a una persona que hace a la gente sentirse segura de sus habilidades para tomar decisiones y trazar el rumbo que seguir a alguien indeciso.

También es importante señalar que un buen manipulador de los procesos de pensamiento de la gente entiende la importancia de empezar con un tono amigable. Es la naturaleza humana gravitar hacia ambientes felices y acogedores. ¿Realmente alguien busca el ámbito oscuro de las fantasías de ciencia ficción? No subestime la atracción de una personalidad brillante y una naturaleza jovial. Estas son características importantes para facilitar una relación beneficiosa mutua entre un manipulador y la persona que está siendo persuadida.

Mida sus palabras cuidadosamente en la conversación. Asegúrese de que no ofenden involuntariamente. Evite palabras y frases que puedan ser malinterpretadas como críticas a la persona a la que se dirigen estas palabras. Las palabras son una herramienta poderosa en la persuasión. Pueden inspirar y animar, o pueden demoler y desanimar.

Las palabras pueden curar a una comunidad o dividirla. Esa es una de las razones por las que conceptos como *Verbal Judo* se han hecho hueco en los entrenamientos de los cuerpos de seguridad. En una profesión donde las emociones de la gente están abrumadas y la adrenalina es alta, una elección de palabras insensible puede empeorar una situación ya peligrosa de por sí.

La gente que es reticente a hablar con una persona con autoridad por algún código vecinal, lo más probable es que no vayan a pararse y hablar voluntariamente con la policía. Con un entrenamiento apropiado, teniendo la habilidad de reformular una petición para hacerla menos beligerante, es un desarrollo positivo en las relaciones entre la policía y la comunidad.

La habilidad de explicar las consecuencias de una acción o proporcionar una explicación por la aplicación de una regla se vuelve un momento de instrucción en vez de simplemente un arresto de un individuo. La habilidad de reconocer a una persona que está sufriendo y empezar una conversación que muestra preocupación hace que un agente de la ley sea mejor en su trabajo. Conseguir información es mucho más fácil cuando alguien no se siente amenazado.

Esta es una lección que se puede aplicar a cualquier profesión. Un compañero de trabajo que pueda sentir que intenta sustituirle, puede que no sea de tanta ayuda cuando necesita aprender cómo incluir una orden de ventas. Si se encuentra con un cliente infeliz, saber qué frases le ayudarán a calmar las cosas ahorra mucha irritación.

Una lección importante es tomar lo que otros compartan sobre la persuasión y encontrar formas de incorporarlo a lo que usted hace. La próxima vez que reciba un discurso de ventas, fíjese en cómo se dirige el presentador a la multitud. ¿Establecen contacto visual? ¿Fue una experiencia relajante, pero energética, o fue aburrida? ¿Tuvo una conexión con el presentador? ¿Se parecía a usted de alguna forma?

Establecer esa conexión entre el manipulador y la persona objetivo es vital, especialmente si la decisión a tomar es una substancial. Cuanto haya mayor riesgo involucrado en la decisión, más seguro tendrá que ser el vínculo personal. Confianza y credibilidad son consideraciones importantes para decidir si seguir un consejo o recomendación o no.

Para determinar la credibilidad, la gente tiende a confiar en aquellos que tienen las cualificaciones para ser considerados como expertos. En un juicio, por ejemplo, un testigo experto es cuestionado respecto a su educación, experiencia, preparación y otros factores que indicarían que su testimonio es creíble. Incluso aunque el experto declare su opinión sobre los descubrimientos, siempre y cuando el jurado esté de acuerdo en que sus credenciales son lo suficientes como para considerar al testigo como un experto, su testimonio está considerado como parte de las pruebas.

El testigo experto en realidad usa su opinión para persuadir al jurado para ponerse de lado de la defensa o el fiscal, dependiendo de quién contrató al experto. El jurado está dispuesto a ser persuadido según si lo que dijo el experto está probablemente basado en hechos.

En las clases universitarias, los profesores a menudo ponen sus credenciales en el temario o página web de la clase. Este importante paso establece al profesor como un entendido sobre el tema. A la hora de enseñar, que también podría considerarse persuasión, establecer credibilidad les dice a los estudiantes que pueden confiar en lo que el profesor les enseñará sobre el tema.

Los candidatos que se presentan a la carrera presidencial también enumeran sus credenciales, como el nivel educativo, la afiliación al partido, experiencia laboral y sus apoyos. Además, los candidatos usan sus historias personales para conectar con los potenciales votantes. La experiencia les cualifica para llegar al gobierno, y las historias personales logran repercusión por una razón diferente. Alguien que tiene los mismos valores o tienen un mismo origen, tiene una ventaja. La gente conecta con aquellos que son como ellos y un candidato que demuestra los mismos ideales cosecha un índice de confianza mayor que alguien que es diferente de sus constituyentes. En el juego de la persuasión, la familiaridad es una fuerte influencia en la toma de decisiones de la gente.

Siempre que trata con gente, es una buena idea esperar lo inesperado. Mientras que algunas de las cosas que la gente hace pueden ser predecibles, no todo el mundo es igual. Una buena estrategia es tantear el terreno con métodos probados y verdaderos, pero esté dispuesto a adaptarse como sea necesario. La fluidez es la habilidad de cambiar de dirección, cambiar de forma, y encontrar una forma de evitar los obstáculos. Mantener la conversación de persuasión fluida permite un rápido ajuste si aparece un desafío en el proceso. Adaptar técnica y estrategia puede encarrilar una negociación en vez de dejar que se desestabilice por completo.

Para ser bueno en el juego de la manipulación, será necesario un cambio en la estrategia. A la hora de vender espacios publicitarios de un periódico, los vendedores a menudo presentan en la primera reunión un anuncio genérico, un ejemplo del tipo de anuncio que el vendedor querría que contratara su negocio. Hay todo tipo de objeciones para las que el vendedor tiene que estar listo, desde convencer al negocio sobre la efectividad de anunciarse en una organización de medios local hasta el coste del anuncio. Muchas veces, el anuncio genérico no sirve de nada. La habilidad del vendedor para pensar rápidamente y elaborar una solución al instante ilustra la fluidez en acción.

La habilidad de adaptarse a los retos es uno de los rasgos de un líder y de una persona que puede influir el proceso de toma de decisiones de la gente. Prestar atención a la naturaleza humana y su reacción a las situaciones puede realzar sus habilidades para manipular e influir.

Haga un regalo y obtenga una obligación. Cuando alguien nos hace un favor, hay una reacción automática que tiene que ser devuelta. Los investigadores estudiaron si la gente haría más donaciones si recibían un regalo. Para el estudio, el regalo era un periódico de una organización. La respuesta fue sí. Incluso aunque el regalo fuese algo que el donante no valorase, el número de donaciones y la cantidad de dinero donado aumentaron por encima de la petición de donaciones solicitadas sin un regalo.

Otro estudio mostró que dar un chocolate a los comensales en un restaurante aumentaba considerablemente la cantidad de las propinas que recibía el camarero. Un regalo se ve como un gesto de buena voluntad, y es un gesto que responde al fundamento de la reciprocidad.

La escasez es un fundamento de la persuasión en el que el valor y deseo por algo aumenta cuando hay existencias limitadas. La autoridad es otro de los fundamentos y sugiere que, como un experto, alguien con autoridad tiene más influencia que alguien que no está en una posición de poder. La gente busca consistencia y se resistirá a los mensajes contradictorios.

La simpatía (o gustar) es uno de los fundamentos que también influye en la voluntad de la gente a hacer lo que se les pide. La amabilidad, fiabilidad, y apariencia personal se tienen en cuenta para determinar si le gusta esa persona. Un manipulador consumado hará un esfuerzo por mantener las apariencias.

Por último, la gente responde a lo que los otros hacen. La mentalidad de rebaño es una fuerte influencia en las acciones que la gente realiza. Si alguien ve a un vecino, compañero de clase, de trabajo u otro asociado comprando algo o apuntándose a una ONG, les sigue rápidamente. Mire la popularidad de las competiciones de pérdida de peso en los gimnasios locales al estilo de los que aparecen en la tele. La idea de que una persona no está sola en su cruzada para alcanzar su peso ideal es un fuerte incentivo para participar.

El amor y las emociones tampoco son inmunes a la persuasión. El proceso de seducción es muy enredoso e incluye un elaborado proceso para persuadir al igual que confundir a la víctima intencionada. Mientras que la seducción es una forma extrema de persuasión, muchos de los pasos implicados también son válidos para otros esfuerzos de manipulación. Las negociaciones que a menudo ocurren entre parejas vienen, en parte, del proceso de seducción.

La seducción, como las relaciones personales, depende casi exclusivamente de las emociones. Otra persuasión entra en las emociones, pero no se concentra en la manipulación de cómo se siente alguien. El objetivo de toda persuasión es obtener una decisión que beneficia al manipulador primero, y la persona que toma la decisión, segundo. En la seducción, solo el seductor alcanza su objetivo.

La persuasión y otros métodos de control mental no son nada nuevo. Estas técnicas se han practicado y perfeccionado a lo largo de los tiempos. Ser capaz de dirigir a gente hacia una decisión que es en su propio beneficio es una sensación poderosa. La habilidad de manipular el razonamiento y convencer a alguien para hacer algo tiene posibilidades positivas. Sin embargo, tiene un lado oscuro.

Reconocer las técnicas por lo que son y las fuerzas detrás del esfuerzo son armas esenciales para no convertirse en una víctima. Mientras que es noble confiar, hay gente que abusa de aquellos individuos que confían. En este caso, la mejor defensa es el conocimiento de alguien con información privilegiada sobre las dinámicas de control mental.

Todo se reduce a que el conocimiento es poder. El conocimiento de cómo manipular las decisiones de la gente le da a alguien la ventaja. Saber cómo reconocer estos intentos coloca el poder de nuevo en la cartera del consumidor.

Conclusión

Gracias por llegar al final de *Persuasión: Técnicas de manipulación muy eficaces para influir a la gente para que haga voluntariamente lo que usted quiera usando PNL, control mental, psicología oscura y un profundo conocimiento de la conducta humana.*

Este no es un tema fácil de entender, pero es uno sobre el que conocer cómo funciona es vital para la supervivencia en un mercado en continua evolución. La competición para atraer a consumidores a comprar una marca, producto o servicio específico es intensa. Aquellos asociados con este proceso han perfeccionado sus habilidades persuasivas para convencer al consumidor para que les compren a ellos.

Mucho se ha tratado en los capítulos previos, pero todo se ha diseñado para proporcionar una imagen completa del proceso de manipulación mental, tanto buena como mala. Esta visión exhaustiva de la persuasión es una caja de herramientas para que las use usted.

La influencia y los manipuladores están en todas partes. En muchos casos, es un talento laboral necesario para triunfar. Cuando se practica de forma profesional, es un recurso. Como ha descubierto en este libro, la habilidad de persuadir es un talento que saca experiencias tanto positivas como negativas.

Su viaje por el libro debería haber sido informativo y haberle proporcionado todas las herramientas que necesita para alcanzar sus metas, cualesquiera que sean. Use lo que ha aprendido aquí para estar preparado cuando esté sufriendo una manipulación que supera la línea de la moralidad. Reconozca quién es su amigo y quién es su enemigo.

www.ingramcontent.com/pod-product-compliance
Lightning Source LLC
Chambersburg PA
CBHW020124130526
44591CB00032B/510